गांधी से पहले गांधी

गांधी से पहले गांधी

इक़बाल दुर्रानी

प्रभात
प्रकाशन

प्रकाशक
प्रभात प्रकाशन प्रा. लि.
4/19 आसफ अली रोड, नई दिल्ली–110002
फोन : 011–23289777 • हेल्पलाइन नं. : 7827007777
इ–मेल : prabhatbooks@gmail.com ❖ वेब ठिकाना : www.prabhatbooks.com

संस्करण
2026

पेपरबैक मूल्य
तीन सौ पचास रुपए

मुद्रक
आर–टेक ऑफसेट प्रिंटर्स, दिल्ली

★

GANDHI SE PAHALE GANDHI
by Shri Iqbal Durrani

Published by **PRABHAT PRAKASHAN PVT. LTD.**
4/19 Asaf Ali Road, New Delhi-110002

ISBN 978-93-5521-439-3

₹ 350.00 (PB)

सादर समर्पित

माँ

और

पिताजी

को···

संघर्ष की असमाप्त गाथा···

'गांधी से पहले गांधी'—बिरसा मुंडा के जीवन पर केंद्रित एक औपन्यासिक कृति।

एक उपन्यास, जो प्रभावी नाट्यरंग से आप्लावित है।

एक उपन्यास, जिसमें जीवन की छलछलाहट है।

कथा-रस है।

काव्यमय आस्वाद है।

जीवन-राग है।

अद्‍भुत पढ़न-सुख है।

यह उपन्यास-क्रांति-सूत्रों का जीवंत दस्तावेज है।

क्रांति की पात्रता के वैज्ञानिक विकास का प्रेरक उद्‍भास है।

व्यवस्था और जीवन-स्थितियों के बीच का द्वंद्व है।

इस द्वंद्व से उपजा सक्रिय व सगुण जीवन-दर्शन है।

प्राणवान प्रेम का अद्‍भुत रसायन है।

साझा संस्कृति का महागान है।

मानवीय करुणा का लहराता महासागर है।

संघर्ष की असमाप्त गाथा है···

इक़बाल दुर्रानी के उपन्यास 'गांधी से पहले गांधी' से गुजरते हुए अचानक गोर्की का कालजयी उपन्यास 'माँ' जेहन में कौंध गया। 'माँ' उपन्यास के

सचेत प्रतिरोध का प्रेरक धरातल रचा गया है। साझा संघर्ष के लिए वातावरण की उर्वर सृष्टि की गई है। हस्तक्षेपी व परिवर्तनकामी मन:स्थिति का प्रभावी सृजन किया गया है। 'गांधी से पहले गांधी' भी इसी भंगिमा की औपन्यासिक कृति है। दोनों उपन्यासों में अपना-अपना समय, अपनी-अपनी परिस्थिति और अपना-अपना रचनात्मक आशय व रंग-ढंग है। औपन्यासिक नीयत के तहत ही हमने 'माँ' उपन्यास का उल्लेख किया है।

मुक्तिबोध की एक कविता है—'गुँथे तुमसे बिंधे तुमसे'। इस कविता की फैंटेसी की छाया पूरे उपन्यास में देखी जा सकती है। इस कविता की कुछ पंक्तियाँ,

'सत्य को अनुभूत करना सहज है/मुश्किल बहुत/उसके कठिन निष्कर्ष मार्गों पर चले चलना।'

देखा जाए तो यह उपन्यास मुक्तिबोध की इस फैंटेसी का ऊर्जावान रूपांतरण-सा प्रतीत होता है। पूरा उपन्यास काव्यमय लगता है। कविता-बिंब। कविता-सी भाषा। यह काव्यमयता कथा को अतल गहराई देती है। बिंब हमारी मुक्ति-कामना को और तराश जाता है। हमारे अहसासात पर धार-धार जाता है। उपन्यास में प्रयुक्त शब्द के गर्भ में निहित अर्थ शब्द की कैद से आजाद हो जाता है। भाव-विचार को अनंत विस्तार दे जाता है। ऐसे लेखन के लिए कला ही नहीं, कलेजा भी चाहिए। मानना पड़ेगा कि उपन्यासकार में ऐसी कला भी है और कलेजा भी।

उपन्यास कुछ इस तरह शुरू होता है—'वह दौड़ रहा था!!' इस शुरुआत से साफ हो जाता है कि सदियों से सताई गई मुंडा जाति नियति, भय और वर्जनाओं के कपाट तोड़कर मुक्ति के बेचैन अभियान में निकल पड़ती है। यहाँ मिट्टी जीवन के ठोस यथार्थ का प्रतीक है तथा सूरज मुक्ति की ओजस्वी कामना का प्रतीक है। मुक्ति-यात्रा के ताप, ऊर्जा और उष्मा का प्रतीक है।

सुगाना मुंडा की चौथी संतान के रूप में बिरसा मुंडा का जन्म होता है। बिरसा मुंडा के जन्म के क्षण ही—'बादलों की प्रलयकारी गर्जना के साथ जोर से बिजली कड़की···और जैसे धरती की नाभि पर गिरी' अर्थात् बिरसा मुंडा

का जन्म मुक्ति के लिए एक प्रलयकारी गर्जना है। और कड़ककर बिजली का धरती की नाभि पर गिरना शोषक वर्ग की गिरफ्त से अर्थतंत्र को मुक्त कराने का ऐलान है।

लंबे अरसे से पददलित मुंडा जनजाति की शोषण कथा का साक्षी मुंडा कहता है—'सुगाना देख, आसमान पर देख तीन तारे हैं। हैं ना? तेरा बेटा ऐसा-वैसा नहीं है। वो सबका बाप निकलेगा (हँसी)—वो धरतीअबा होगा—धरतीअबा।'...'देखना—देखना ये हमारी जमीन, जंगल, पहाड़—सबको ये एक दिन मुक्ति दिलाएगा—ये हम सबका भगवान है—भगवान!!' एक लोकगीत है, जिसमें स्त्रियाँ कौशल्या से कहती हैं, 'ई मति जानौ कौसिल्या / का राम सुंदर / इहै राम लंका फुकइहैं / अजोधिया बसईहैं।' अर्थात् राम इसलिए ही सुंदर नहीं हैं कि वह काया से सुंदर हैं। वह सुंदर हैं, क्योंकि वह लंका (शोषण व दमन का प्रतीक) को ढहाएँगे और अयोध्या (सम्मान से जीने लायक प्रीतिकर दुनिया का प्रतीक) को बसाएँगे। एक और लोकगीत है, 'पुतवा के जनमें / कवन फल हे मोरे साहब / दुनिया अनंद जब होइ है।' बिरसा के रूप में ऐसे ही पूत का जन्म होता है।

धानी मुंडा बिरसा के जन्म क्षण पर यह चमत्कार देखता है। कृष्ण का जन्म भी कुछ ऐसी ही चमत्कारी परिस्थिति में हुआ था। कहना पड़ेगा कि कृष्ण का पूरा जीवन-चरित्र लोक-मुक्ति के लिए समर का महागान है। बिरसा के जन्म को धानी मुंडा इसी आलोक में देखता है। उसमें नव आशा का संचार होता है—'सत्तर वर्षीय धानी मुंडा के चेहरे की झुर्रियों में बेशुमार जुगनू जगमगाने लगे।'

धानी मुंडा यह जो चमत्कार देखता है, उसके पीछे कोई रूढ़ि नहीं, वरन् अतीत की बोधक स्मृति है। अवचेतन में दमित मुक्ति-कामना का विस्फोट है। मुक्ति-स्वप्न का नवोन्मेष है। मुक्ति के प्रति उसकी यह आश्वस्ति अचानक नहीं है। अचानक कुछ भी नहीं होता। किसी भी रूपांतरण के पीछे एक लंबी पृष्ठभूमि होती है। पानी भी अचानक वाष्प में रूपांतरित नहीं होता। उसे पहले खौलना पड़ता है। इस तरह देखा जाए तो पूरा उपन्यास जैसे परिस्थिति और

परिणाम के बीच के नियम का समाजशास्त्र हो।

मुक्ति के वांछित परिणाम के लिए संघर्ष की अनुकूल परिस्थिति का सृजन करना पड़ता है। क्रांति की पात्रता को विकसित करना पड़ता है। बिरसा का किरदार पूरे उपन्यास में पूरी चेतनता के साथ इसी अभीष्ट की सिद्धि के लिए साधनारत रहता है।

क्रांति की पात्रता विकसित करनेवाले महानायकों की अपनी विलक्षणताएँ होती हैं। बिरसा मुंडा में ये विलक्षणताएँ हैं। 60 मील पैदल चलकर आए बिरसा मुंडा का पाँव क्षत-विक्षत है। चलते हुए लहू टपक रहा है। फिर भी फादर के पास वह बेचारगी में लँगड़ाता हुआ नहीं जाता। सीधा तनकर जाता है—"आदमी जब दर्द पर सवार हो जाए तो बेचारगी उस पर सवार नहीं हो पाती।" उपन्यासकार इसी तरह जीवन-स्थिति से उपजे दर्शन-सूत्र को दर्ज करता चलता है। क्रांति के मसीहाओं की तरह बिरसा जब भी बोलता है, क्रांति-सूत्र ही बोलता है।

सदियों के अत्याचार से कराहती शोषित जनता के हृदय से प्रश्न बैंक लुट चुका होता है। सवाल न पूछना एक तरह से दारुण जड़ता का प्रतीक है। बिरसा इसी जड़ता और चुप्पी तोड़ने के सघन व सचेत उपक्रम में जुटा है। बिरसा आक्रोश में सरकारी कागज पर झपटता है। कागज मुट्ठी में दबाता है। टुकड़े-टुकड़े करता है। एक तरह से यह विद्रोह का प्रस्थान बिंदु बनता है।

उपन्यास में अनकहे तौर पर दर्शन का यह सूत्र उभरता है कि करुणा की कोख से ही संघर्ष का जन्म होता है। इसीलिए बिरसा मुंडा हत्या रोकता है और कहता है—"आज से कोई मांस नहीं खाएगा।" यह साधारण संवाद नहीं है। वस्तुतः हत्या से हिंसाप्रियता बढ़ती है तथा अहिंसा से करुणा और आत्मबल। क्रांति के लिए ऐसी ही मनःस्थिति निर्मित करनी होती है। इस तरह यहाँ क्रांति की पात्रता की विस्तृत पृष्ठभूमि विकसित हो रही है।

एक अजीब सरफिरी व्यवस्था

जिसमें भीख देना...मजदूरी देने से अधिक पावन हो।

बिरसा को इसी जनघाती क्रूर व्यवस्था पर आक्रोश है और इस जघन्य

व्यवस्था को बदल डालने की बेताबी। बिरसा मुंडा जनजाति के लोगों को इस यथार्थ का सम्यक् बोध कराना चाहता है।

बिरसा की बाँसुरी से जीवन राग फूटता है। परमी मोहित होकर बिरसा से बाँसुरी बजाना सीखना चाहती है। बिरसा कहता है—"बाँसुरी वही बजाना सीख सकता है, जिसके दिल में बाँसुरी की तरह छेद हो।"

संत कबीर ने भी अपने समय में यही कहा है—

सुखिया सब संसार है, खावै औ सोवै।
दुःखिया दास कबीर है, जागै औ रोवै।।

मजरूह सुलतानपुरी ने भी ऐसा ही जुनून पैदा किया है—

जला के मशअले जाँ हम जुनूँ सिफात चले।
जो घर को आग लगाए हमारे साथ चले।।
सुतूने दार पे रखते चलो सरों के चराग।
जहाँ तलक ये सितम की सियाह रात चले।।

दिनचर्या के छोटे-छोटे प्रसंग पर भी बिरसा मुंडा जनजाति के लोगों को बड़े ही सलीके से क्रांति का पाठ पढ़ाता है। वीरसिंह मुंडा बिरसा से परमी के रोने की बात बताता है। बिरसा कहता है—"हम आदिवासी तो न जाने कब से भूखे-नंगे हैं, लेकिन हम चुप रहकर सबकुछ सहते जा रहे हैं—चुप रहने से अच्छा है रोना-रोना क्रांति के रास्ते पर उठा हुआ पहला कदम है।" इस तरह बिरसा दृष्टि को पैनी बनाता है। व्यवस्था और जीवन के बीच आदमी की अंतर्भूमिका को उजागर करता है।

संघर्ष की पहली बाधा है—'आत्मभीति'। बिरसा मुंडा जनजाति को इसी 'आत्मभीति' से मुक्ति दिलाता है।

असहयोग आंदोलन एक कदम आगे। बिरसा को पकड़ने आए सिपाहियों को बिरसा के कहने पर चार-पाँच सौ आदिवासियों के जत्थे ने 'मुंडाराज शुरू-सरकारी राज खत्म' नारे के साथ दोनों सिपाहियों को खाट समेत घूरा नदी में फेंक दिया। पर सिपाहियों पर हिंसक हमला नहीं किया। बिरसा हिंसा की वर्जना जो करता है।

बिरसा ने मुंडा जनजाति को तर्क करना सिखा दिया। तर्क से समझ, समझ से साहस और साहस से प्रतिरोध। अब एक तरह से क्रांति परिवेश का उर्वर सृजन।

परमी और कुछ बच्चे जंगल से सफेद फूल लाए। साली लाल रंग के फूल लाई। बिरसा ने लाल फूलों को उजले फूलों पर डाल दिया। बिरसा अब उजले और लाल फूल उठाते हुए कहता है—"ये उजले फूल अहिंसा है। ये लाल फूल हिंसा है—हिंसा और अहिंसा ये दोनों साथ-साथ हों तभी दोनों का रंग निखरता है। ये दोनों एक-दूसरे के बिना अधूरे हैं। जिस रास्ते के किनारे पर हिंसा और अहिंसा साथ-साथ चलें···वही रास्ता—सिर्फ वही रास्ता हमें अपनी मंजिल तक पहुँचा सकता है। अब जब भी लाना सफेद और लाल फूल साथ लाना।"

क्रांति की पात्रता का विकास अपने उरुज पर है। अब बिरसा क्रांति का वह अध्याय खोलता है जिसमें अहिंसक और हिंसक आंदोलन अपनी चेतनता के साथ समस्वरित होता है। व्यवस्था-परिवर्तन का यह ऐतिहासिक पाठ है। समाजशास्त्रीय पाठ है। राजनीतिक पाठ है। कुल मिलाकर एक संपूर्ण पाठ है। बिरसा अब मुंडा जनजाति के लोगों को इसी पाठ का मनोवैज्ञानिक पद्धति से बोध कराता है।

बिरसा प्राकृतिक घटना-प्रवाहों से अपने लोगों को दीक्षित करने के लिए पाठ को गहराई देता है, विस्तार देता है। जब बिरसा को यकीन हो गया कि अब ये सब क्रांति की पात्रता हासिल कर चुके हैं, वह नारा बुलंद करता है—'उलगुलान'! साँस-साँस समाता गया 'उलगुलान'। विद्रोही वातावरण की ओजस्वी सृष्टि हो चुकी है। चर्च में, खेत में, हवेली में, नदी किनारे बच्चे, घरों की औरतें सभी इसी नारे को पूरी शिद्दत से बुलंद करते हैं।

स्ट्रीटफिल्ड के कान में 'उलगुलान' का कर्णभेदी स्वर गूँजता है। वह मेयर्स से 'उलगुलान' का आशय पूछता है। पर जवाब मरियम देती है—'विद्रोह' और इस विद्रोही नारे की परिणति का समाचार भी सुनाती है—"बसंती भी नौकरी छोड़कर चली गई।" स्ट्रीटफिल्ड उत्तेजित स्वर में आदिवासियों को

घास की तरह कुचल डालने का ऐलान करता है। मरियम कहती है—"घास हमेशा पाँव से कुचली जाती हैं। मगर मरती नहीं..." पूरे उपन्यास में वंचित वर्ग के प्रति रागात्मक संवेदना से ओतप्रोत 'मरियम' का जिस तरह से वर्गीय विचलन दरशाया गया है, वह एक कालजयी कृति का ही लक्षण है।

नेतृत्व व्यवस्था-परिवर्तन का वातावरण बनाता है। व्यवस्था-परिवर्तन की लड़ाई विराट जनता लड़ती है। यहाँ बिरसा परिवर्तन की लड़ाई का वातावरण बना चुका है। क्रांति की दीक्षा पूरी हो चुकी है। अब संघर्ष चरम पर। परिवर्तन के लिए निर्णायक लड़ाई की शुरुआत होती है। सफेद और लाल फूलों की थाली लिये साली और परमी खड़ी हैं। इतना ही नहीं, उजला और लाल झंडा भी हवा में लहराने लगा। उजला झंडा चेतना का प्रतीक और कुल मिलाकर शांति का प्रतीक। लाल झंडा व लाल फूल हिंसा का प्रतीक। यानी 'शांति बाद में आप आवेगी, व्यर्थ जन्म जो क्रांति नहीं' उसमें वह कामयाब हुआ। संघर्ष के लिए एक-एक आदिवासी की मनोभूमि ही नहीं वरन् साझा संघर्ष का विवेक व साझा मन भी सृजित हो चुका है—"अब एक जुनून था। एक इनकार था—इनकलाब था। इसके आगे क्या था... ? किसी को चिंता नहीं थी।"

यहाँ हिंसा की वर्जना का अब निरसन भी होता है। क्रांति-विवेक विकसित होने के उपरांत अब व्यवस्था-परिवर्तन की लड़ाई में सशस्त्र संघर्ष होता है।

इस कृति में बड़ी संगति के साथ बिरसा की संघर्ष-नीति को कृष्ण की संघर्ष-परंपरा की प्राणवान कड़ी के रूप में लिया गया है।

अहिंसक आंदोलन के आरंभ में जहाँ खूँटी थाने में आदिवासियों के सैकड़ों-हजारों खाली हाथ धरतीअबा के साथ गिरफ्तारी के लिए उठे थे, वहीं आज इनके हाथ में तीर और कमान हैं। सब मरने-मारने पर उतारू। एक जज्बा। एक जुनून। कृतिकार जीवन-स्थिति से निःसृत एक और दर्शन-सूत्र प्रस्तुत करता है—"जिंदगी मारनेवालों से ज्यादा मरनेवालों से डरती है।" व्यवस्था के कारिंदों के हौसले पस्त हुए। हिम्मत जवाब दे गई। वे भागे। पिटे। गिरे। व्यवस्था डरी-सहमी। धानी मुंडा हँसते हुए—"पहले हम इनसे डरते थे।

अब वो लोग हमसे डरने लगे हैं···।" पूरी रणनीति के साथ समर का सफर जारी था। पहाड़ पर आग लगाकर पुलिस के आने की खबर जान लेने का जैसा हवाला उपन्यासकार देता है, उससे आदिवासियों के विलक्षण युद्ध-कौशल का सहजतया अनुमान लगाया जा सकता है। ऐसा शायद इसीलिए हुआ, क्योंकि बिरसा पोथी से सैन्य विज्ञान की शिक्षा नहीं देता वरन् प्राकृतिक घटना-प्रवाहों के जरिए आदिवासियों में सजीव समझ पैदा करता है। उन्हें जीवन के ठोस यथार्थ का बोध कराता है।

उपन्यासकार बीच-बीच में व्यवस्था और जीवन-स्थितियों के बीच संघर्ष के आलोक में ऐसे जीवन-सूत्रों को प्रकट करता है, जिससे उपन्यास की वैचारिकी अतीव प्राणवान हो उठती है। बिरसा के दर्शन के लिए कुछ आदिवासी पहाड़ी पर पहुँच चुके। कुछ पहुँचने को बेताब हैं। पुलिस इन्हें घेरने की फिराक में है। इसी के बीच उपन्यासकार का कथन—"मंजिल एक हो तो रास्ते मिल जाते हैं।"

मरियम के वर्गीय विचलन का एक प्रौढ़ पड़ाव। वह सैलराकब पर खून-खराबा नहीं चाहती। इसीलिए इसे रोकने के लिए वह भागती आ रही थी। पर खून बहा। इधर से तीर। उधर से गोलियाँ। मौत का दारुण तांडव।

बिरसा अब जेल में है। जेल यात्रा के क्षण में भी तेवर वही। न टूटा, न बिखरा। जेल की कोठरी में प्रवेश करते ही ऊपर छोटी खिड़की से किंचित् धूप के स्पर्श से करमी की प्रेमिल स्मृति उसके जेहन में कौंध जाती है। क्रांति और प्रणय का अद्भुत रसायन। इससे बिरसा की उदात्त मनोरचना का बोध। साथ ही उपन्यासकार के विलक्षण शिल्प का उद्भास।

स्ट्रीटफिल्ड और बिरसा का संवाद क्रांति पुरोधा बिरसा के विराट जीवन-दर्शन को रूपायित करता है। संघर्ष के समाजशास्त्रीय दर्शन को नई ऊँचाई देता है—

"तुम्हारी वजह से इतना खून बहा···क्या इसका तुम्हें अफसोस नहीं।"

"खून बहे तो बहे, आँसू न बहे।"

"तुम खून से ज्यादा आँसू को समझते हो?"

"हाँ···। खून जिंदगी है तो आँसू जिंदगी का रंग है। हमने ये लड़ाई जिंदगी के लिए नहीं···जिंदगी में कोई रंग हो, इसके लिए लड़ी है और लड़ते रहेंगे। ये युद्धविराम हुआ है, युद्ध का अंत नहीं हुआ।"

डॉ. एंडर्सन पर क्रूर और हिंसक व्यवस्था का आतंकी दबाव पड़ता है। इंजेक्शन से बिरसा के भीतर मौत उड़ेलने का हैवानी निर्देश दिया जाता है। इस भयावह अपकृत्य से डॉक्टर की आतंकित, व्यथित व द्रवित मन:स्थिति के चाक्षुष बिंब का रचाव उपन्यासकार के जीवट भरे लेखन का प्रमाणमात्र है।

दूर कोठरी में बंद गया मुंडा, सनरी मुंडा व सुखराम बिरसा की झन-झन बजती बेड़ियों में संघर्ष का महासंगीत सुनते हैं। इस महासंगीत में होता है—मन की पीड़ा का तिरोहण। यानी क्रांति की पात्रता का विकास अपनी पूर्णता में।

मेयर्स व धानी मुंडा का संवाद इसे पुष्ट करता है—

"ऐ बूढ़े, मैं कहता था ना कि कुछ नहीं मिलनेवाला। कुछ मिला? तेरे भगवान् ने तुम लोगों को क्या दिया?"

"दिया ना···पहले हम सिर झुकाकर चलते थे···लेकिन आज देखो। आज हर आदिवासी का सीना तना हुआ है और सिर उठा हुआ है। इनको फाँसी के फंदे तक भी ले जाओगे तो ये ऐसे ही सिर उठाकर वहाँ तक जाएँगे। ये दिया है, हमारे भगवान् ने हमें···। ये कम है?"

पूरे उपन्यास से गुजरते हुए ऐसा लगता है जैसे एक-एक वाक्य में पूरा-पूरा महाकाव्य समाया हो।

"मंजिल है कहाँ? कहीं नहीं। अगर है तो कदम-कदम मंजिल है। और मंजिल-मंजिल सफर है। सफर ही सच है।"

उपन्यास की ये पंक्तियाँ साफ करती हैं कि संघर्ष कभी न समाप्त होनेवाली गाथा है। ये पंक्तियाँ उपन्यास के कथानक की परिधि तोड़ती संघर्ष का कालजयी दर्शन रच जाती हैं। यानी जब हम अपने समय की विसंगतियों के खिलाफ जंग छेड़ते हैं। जंग जीतते हैं। व्यवस्था बदलते हैं। तो नई व्यवस्था से जन्मी नई विसंगतियों के विरुद्ध हमें फिर नई जंग छेड़नी होती हैं।

मरियम बिरसा से कहती है—"बिरसा तुमने कहा था—अगर मैंने जंगल के एक पौधे को भी बचा लिया तो तुम मुझे क्षमा कर दोगे।" इस संवाद के क्षण उसने आदिवासी औरतों की तरह चादर के सहारे एक बच्चे को पीठ पर लगा रखा था। यह वही बच्चा है, जिसे उसकी माँ दूध पिला रही थी और उसी पल उसकी गरदन पर गोली लगी थी और वह चित गिर गई थी। मरियम का यह वर्गीय रूपांतरण एक तरह से मानवीय करुणा में रूपांतरण है। यह रूपांतरण इसलिए, क्योंकि मरियम जीवन के यथार्थ पर सोचती है। वह सोचती है, इसलिए विचारशील है। उसकी विचारशीलता ही उसके रूपांतरण का कारक तत्त्व है। संभवतः इसीलिए आश्वस्ति के तहत बिरसा मरियम से कहता है—"इसको प्यार कम दोगी फिर भी चलेगा, इसका अधिकार इसे जरूर देना। वो भी कम दोगी तो चलेगा, इसको अपने अधिकारों के लिए लड़ना जरूर सिखाना।" यही पूरे उपन्यास का यह केंद्रीय पाठ है।

जगह-जगह बिरसा के किरदार में उपन्यासकार की कल्पसृष्टि का संपूर्ण महानायक बना देती है—"बिरसा उनमें नहीं था, जो कुछ पाकर खुश हो जाते हैं। वो जानता था कि 'कुछ' 'ना' के बराबर है और 'ना' हरेक 'हाँ' से बड़ी है।"

उपन्यासकार सोचने की प्रक्रिया पर बल देता है—बार-बार। यही सोचना तो मनुष्य को सही अर्थों में मनुष्य बनाता है।

जब डॉक्टर एंडर्सन भीख माँगने की मुद्रा में बिरसा से उसकी आखिरी इच्छा पूछता है, बिरसा कोने में पड़ी चादर को अपने ऊपर डालने का संकेत करता है। डॉक्टर बिरसा पर चादर डाल देता है। चादर पाँव से सीने तक ही पहुँचती है। बिरसा कहता है—"डॉक्टर! जब मेरी आँखें बंद हो जाएँ तो इस चादर से मेरा चेहरा ढक देना और पाँव खुला रखना।"

बिरसा के इशारे पर डॉक्टर चादर खिसकाते हुए उसका चेहरा ढक देता है। बिरसा कहता है—"लोग मेरा चेहरा देखें न देखें, मेरा पाँव जरूर देखें, जिससे मैं चलता रहा—और चलते रहना चाहता हूँ।"

यानी संघर्ष की असमाप्त गाथा। उपन्यास जिस बिंदु पर उतरता है, वह

कृतिकार के कथ्य व कला का कमाल कहा जाता है—"अब एक बच्चे के भागते हुए दो पाँव···बिरसा के झोंपड़े की ओर!" 'ऐ-ऐ···रुक जा' पीछे-पीछे साली और माँ दौड़ी। बच्चा रुका नहीं···झोंपड़े के अंदर बिरसा की खड़ाऊँ रखी थी। बच्चे ने अपने दोनों पाँव उसमें डाल दिए···और पलटकर मुसकराते हुए अपनी माँ को देखा···। अर्थात् संघर्ष की असमाप्त गाथा के एक पड़ाव के अंत के बाद एक नया आरंभ। एक नई संभावना। एक नया उन्मेष।

—कमलनयन पांडेय
संपादक : 'तेवर'

1587/1, उदयप्रताप कॉलोनी, बढ़ैयावीर,
सिविल लाइंस-2, सुलतानपुर-228001

आओ, खुद को खोलें!

युद्ध से युद्ध तक अंतराल तो रहा किंतु विराम नहीं, यही उल्लास रहा गांधी से पहले गांधी लिखने का। बिरसा मुंडा को मैं बचपन से सुनता और समझता आया था, जिसका प्रस्फुटन है यह पुस्तक।

किसी भी चरित्र का जुझारूपन और उसका ऐतिहासिक चरित्र मुझे लिखने के लिए सदैव से प्रेरित करता है। उन दिनों गांधी से पहले गांधी लिखना मेरे लिए एक सपने में झाँकने का निमंत्रण था। मेरे अंदर खुद बिरसा समा चुके थे और मैं पूरी तरह से अपने रहन-सहन, अपने पहनावे-ओढ़ावे में आध्यात्मिक संत होकर कई महीनों तक खड़ाऊँ पर आ चुका था। बिरसा के साथ अन्य चरित्र को उकेरना मेरे लिए उन दिनों आसान न था किंतु लिखने के लिए हृदय से लगाने की और हृदय को जलाने की, दोनों सामर्थ्य थी मेरे अंदर, जो गांधी से पहले गांधी का सृजन बनी। एक सपना था बिरसा, जो सच निकला। बिरसा के उस चरित्र ने मुझे बहुत प्रभावित किया, जहाँ उसकी बाँसुरी की धुन पर प्रेम के अलाप के साथ अनुनय-विनय के स्वर में अहिंसात्मक राग भी निकला, किंतु जब बाँसुरी काम न आई तो योगेश्वर कृष्ण की तरह उसने उलगुनान (क्रांति) का सिंहनाद भी फूँका, वही हिंसात्मक विरोध, सामाजिक बदलाव और शोषण से मुक्ति का मार्ग बना। इसे लिखते समय कभी-कभी बिजली की क्षणिक चमक में बिरसा के जीवन का पूरा आसमान मुझे दिख जाता था, कभी उसकी कथा मेरी कथा बन जाती थी, इसका लिखाव मेरे दिन-रात में, बात-बेबात में ढलकर एक मूर्त रूप लेता

चला गया। कई बार चुप्पी तोड़ती हुई आवाजों ने इस पुस्तक में रंग भरे। मैं नहीं जानता कि मेरी कलम की स्याही में इस हस्ताक्षर को करने की कितनी कला थी, किंतु एक चंद्र खिलौना लइहों वाली जिद जरूर थी, इसलिए इसे मैं पूरा कर पाया। इसे लिखने के उपरांत एक बेहोशी की नींद से उबरना हुआ था, शब्दों और चिंतन की जेबखर्ची में जीता रहा उन दिनों। जीवन की तरह और जीवन की दिशा में यह पुस्तक आपके न्यायालय में भेज रहा हूँ, जिसके भीतर का अंतर्नाद आपके मन की अनुगूँज बने।

—इक़बाल दुर्रानी

आदिवासी स्वतंत्रता सेनानी

बिरसा मुंडा

वह दौड़ रहा था ··· !
उजली धोती–उजली चादर–काली काया–लंबे बाल,
वह दौड़ता जा रहा था!!
जंगल के पेड़–झाड़ियाँ–चट्टान
सभी तेजी से पीछे छूटते हुए,
एक सूरज था,
जो पेड़ों के शिखर–शिखर उसके साथ था!
और मिट्टी थी,
जो कदम–कदम थी!
न भय,
न आक्रोश,
एक बेचैनी थी···रोम–रोम
एक बेकरारी थी···पोर–पोर
वह बस दौड़ता ही जा रहा था··· !!!

अचानक!

बादलों की प्रलयंकारी गर्जना के साथ जोर से बिजली कड़की···और जैसे धरती की नाभि पर गिरी!

सुगाना मुंडा ने कानों में उँगलियाँ ठूँस लीं। आँखें भींच लीं। प्रलय तो नहीं आ गया?

नहीं!

दरअसल प्रकृति ने अपने ढंग से आतिशबाजी की थी और पटाखे छोड़े थे···

"अरे कान से हाथ तो हटा···हटा···!"

वीर सिंह मुंडा के कहने पर जब उसने हाथ हटाया तो एक नवजात बच्चे के रोने की आवाज सुनाई दी···

मौत के अथाह अँधेरे में गोता लगाते-लगाते जैसे अचानक एक दूधिया किरण हाथ आ जाए···जिंदगी का मांसल अहसास लिये!

सुगाना मुंडा जी उठा।

"विरू, मेरी घरवाली को बच्चा होनेवाला था?"

"वह हो गया! करमी ने लड़का जनम दिया है!"

(सुगाना मुंडा की चौथी संतान—'बिरसा मुंडा' सप्ताह के चौथे दिन बृहस्पतिवार को पैदा हुआ)

सुगाना मुंडा···आसमान भर के खुश!

करमी···जैसे इंद्रधनुषी झूले पर···और हौले-हौले उसपर रंगों की बारिश।

लेकिन धानी मुंडा अपनी ही तरंग मे···

"सुगाना! देख, आसमान पर देख, तीन तारे हैं न? तेरा बेटा ऐसा-वैसा नहीं है, वह सबका बाप निकलेगा (हँसी)! वह धरतीअबा होगा—धरतीअबा...!"

सत्तर वर्षीय धानी मुंडा के चेहरे की झुर्रियों में बेशुमार जुगनू जगमगाने लगे थे।

उसने जल्दी से तीर उठाया।

अंदर भागा...और बिरसा को पकड़ा दिया।

"देखना-देखना, यह हमारी जमीन, जंगल, पहाड़ सबको एक दिन मुक्ति दिलाएगा। यह हम सबका भगवान् है, भगवान्!!"

वह दौड़ता ही जा रहा था!
जंगल—और भी ज्यादा घना!
रास्ते में और भी ज्यादा पत्थर!!
अब उनके बदन से
पत्ते, शाखें, झाड़ियाँ टकराती जा रही थीं··
मगर रफ्तार वही
जुनून वही
वह जंगल को चीरता
दौड़ता ही जा रहा था··!!!

क्रॉस के नीचे,
चाईबासा का जर्मन ईसाई मिशन··· !
पादरी डिडलैक का चेहरा···
हॉल की दीवारों जैसा उजला सपाट!
इनके सामने
सलीब और ईसा के साए में खड़े···
सुगाना मुंडा, वीरसिंह, प्रचारक···

"फादर! आपने कहा था, अगर हम आदिवासी लोग आपकी शरण में आ जाएँ तो आप सरकार से हमारी जमीन-जंगल वापस दिला देंगे!"

"हम तीनों अपने बच्चों को यहाँ ले आए हैं···"

फादर के चेहरे पर कोई हलचल नहीं, पहले जैसा ही सपाट!
ये और पास आ गए···
और झुक गए!!
शब्द···और भी गीले हो गए···

"फादर! हम 60 मील चालकद से चलकर यहाँ आए हैं!"

"हम बहुत गरीब हैं फादर! हम अपने बच्चों को नमक-भात भी नहीं खिला पाते!"

"ये यहाँ रहेंगे तो नमक-भात तो खा सकेंगे!"

"उनको यहाँ रख लीजिए!"

उनको जितना और जैसे कहना था, कह चुके! अब खामोशी थी···भीगती हुई सी खामोशी···अचानक जैसे नगाड़े पर कसकर चोट पड़ी!

"यहाँ किसी का एडमिशन नहीं हो सकता, यहाँ जगह नहीं है!"

फादर का चेहरा अब भी सपाट!

इन तीनों ने एक-दूसरे को देखा और दूर-दूर तक देखा…गाँव में इस बार तो घास के बीजों का मिलना भी मुश्किल है, जिसका 'घाटो' बनाकर वे खा सकें। इस बार गरमी और धूप इतनी है कि घास भी सूख गई है!

अब उससे आग लगाई तो जा सकती है,

मगर…उससे आग बुझाई नहीं जा सकती! सुगाना…रोता हुआ-सा…

"फादर! कम-से-कम मेरे बेटे को रख लो, चालकद से आने में उसका पाँव कट गया है…अब वह वापस कैसे जाएगा?"

यह सच था कि—

बिरसा लौटने की स्थिति में नहीं था!

और उसका भाग्य उसे रोकने के पक्ष में नहीं था!!

इसलिए उसे आगे तो बढ़ना ही था …!

"अच्छा बुलाओ उसे!" फादर ने कहा।

तीनों उर्जित होकर थोड़ा आगे-पीछे पुकार उठे—

"बिरसा-बिरसा…बिरसा"…पूरे हॉल में गूँज गया…

बिरसा…दूर दरवाजे पर,

पीछे…कड़ी धूप!

"आओ!" सुगाना मुंडा ने पुकारा।

बिरसा को यह स्वीकार नहीं था कि वह लँगड़ाता हुआ जाए!

खुद को बेचारा बनाकर पेश करे!!

उसने चलना चाहा तो दर्द ने चीख मारी!

उसने दर्द से बिदके हुए घोड़ों की लगाम जोर से खींची और उसपर सवार हो गया!

आदमी जब दर्द पर सवार हो जाए तो

बेचारगी उस पर सवार नहीं हो पाती!

फादर को आश्चर्य—बिरसा तो बिल्कुल ठीक चल रहा है… !

संदेह—इसका पाँव कटा हुआ है या सुगाना मुंडा की जबान फटी हुई है?

बिरसा सीधा चलता हुआ आ रहा था।

वह जहाँ-जहाँ कदम रख रहा था, वहाँ-वहाँ खून टपक रहा था!

फादर को राहत मिली!

बेटे का खून देखकर भी सुगाना मुंडा को इस बार पट्टी बाँधने का विचार छुआ तक नहीं···!

नमक और भात—खून से ज्यादा दुर्लभ था!

और...यह भी एक दुर्लभ दृश्य था...!!

अपने ही खून से अपने पदचिह्न बनाता बिरसा करीब आता जा रहा था...!

चेहरों के जंगल में कुछ ही चेहरे ऐसे होते हैं जहाँ से नजरें फिसल नहीं पातीं, उनपर टिक जाती हैं।

बिरसा का चेहरा भी कुछ ऐसा था···!!

बिरसा करीब आकर रुका।

अपने पिता को देखा, यह बहुत जल्दी खुश हो जाते हैं!

फादर को देखा, यह शायद बहुत देर में खुश होते हैं! अब···

क्रॉस पर ईसा को देखा और घुटनों को फर्श पर रखकर उसने अदब से अपना सिर झुका दिया···और देर तक झुकाए रहा···

पाँव पर दबाव पड़ा तो खून की बूँदें बाहर आने लगीं!

अब पाँव रुके थे···मगर खून सफर में था!!

फादर ने घोषणा की—

"इसका एडमिशन हो जाएगा!"

चर्च···

(हर घंटी के साथ दृश्य बदलते गए और एक साल बढ़ता गया!)

1887—सारे लड़के खेल रहे थे। बिरसा पढ़ रहा था···

1888—सारे लड़के सो रहे थे। बिरसा जाग रहा था···

1889—बिरसा क्रॉस को देख रहा था और एक बूढ़ी रहस्यमयी आदिवासी औरत बिरसा को!

1890—फादर सीढ़ियों से उतरते हुए रुक गए···नीचे खड़े थे—आदिवासी बच्चे, औरतें, जवान, बूढ़े, सब परेशान हाल!

ओखली में कुटाए हुए बीजों की तरह···क्षत-विक्षत!

"फादर, आपने कहा था, सरकार से जमीनें वापस दिलाएँगे!"

"अब तो सुना है, जंगल भी सरकार ले लेगी!"

"आप हमारी जमीन हमें वापस दिला दीजिए फादर!" वादों की खूँटी से लटके हुए ये लोग पता नहीं कब तक यूँ ही गिड़गिड़ाते रहते···

अचानक फादर डिडलैक का हाथ हवा में उठा···!

सब चुप!!

"सॉरी, वह वादा हम पूरा नहीं कर सकते।"

ये कहते हुए फादर ने हाथ हवा में यूँ झटका जैसे हँसुए से फसल काटी जाती हो···!

सुननेवाले भी कटी फसलों की तरह बिछ गए!!

उन्होंने ऐसा क्यों किया?

ये सवाल उनसे पूछे कौन?

कोई नहीं पूछेगा!

इनकी पूछने की आदत ही नहीं···!!

क्या सभी चुप रहेंगे?

"धम्म्!!"

सरकारी कागज पर बिरसा का आक्रोश भरा हाथ पड़ा और उसने कागज को मुट्ठी में लेकर कसकर दबा दिया!

फिर भी आक्रोश ने दम नहीं तोड़ा...उसने कागज के टुकड़े-टुकड़े कर दिए!

अब—चर्च का वही हॉल—

वही दरवाजा, वही रास्ता···

लेकिन अब बिरसा के पाँव वापस जा रहे थे···!

पहले—पाँव से खून बहाता आया था।

अब—हाथ से कागज के टुकड़े गिराता जा रहा था!!

फादर उसे जाता हुआ देख रहे थे···

"फादर!"

फादर ने चौंककर पीछे देखा···

वही बूढ़ी रहस्यमयी आदिवासी औरत—

"वह यहाँ रहनेवाला भी नहीं था! उसकी जगह इधर है भी नहीं···"

अब ईसा मसीह की तरफ इशारा करके बोली···

"वो तो उनकी जात-बिरादरी का है!"

फादर ने दरवाजे की ओर देखा···

बिरसा दौड़ता ही जा रहा था!
रास्ता···
पहले से ज्यादा दुर्गम!
कंकर-पत्थर-काँटे-कीचड़ और कटे पेड़ों की नुकीली खुरचन!!
लेकिन उसने जैसे ना रुकने की कसम खा रखी हो,
और कसम की डोर साँसों से बाँध रखी हो!
एक अजीब सा जोश
पागलपन
वह लाँघता-फलाँगता
सीधा दौड़ता ही जा रहा था···!

"बिरसा, तुम गाँववालों के साथ चाईबासा कोर्ट गए थे?"

पीली धोती में चंदन लगाए, जनेऊ पहने बंदगाँव के आनंद पांडेय ने बिरसा से पूछा…

वह बैलगाड़ी के पहिए पर सिर टिकाए बाँसुरी बजा रहा था।

"वहाँ तुमने जमींदार साहब की शिकायत भी की कि उन्होंने बेईमानी से आदिवासियों की जमीनें हड़प कर ली हैं!!"

बिरसा बाँसुरी बजाता ही रहा…

आनंद पांडे ने बिरसा की बाँसुरी पकड़ ली…!

फिर

संगीत की बारिश थम गई,

शब्दों के पत्थर पड़ने लगे,

"देखो बिरसा, चर्च को छोड़ने के बाद तुम तीन साल तक मेरे साथ रहे। धर्म के बारे में जितना मुझे मालूम था, सब तुम्हें बताया! वहाँ तक तो ठीक था, लेकिन अब तुम अपने आदमियों का भला करने के चक्कर में हो—यह भूल जाओ। भूल जाओ ये सब वरना इसके लिए तुमको जमींदार, पादरी, दारोगा और गोरी सरकार से लड़ना पड़ेगा! अच्छा होगा कि तुम सदा के लिए जंगल छोड़कर हमारे पास आ जाओ!"

ये सुनते ही बिरसा ने एक झटके से अपना चेहरा उठाया, उसके लंबे केश बादलों की तरह हटे तो गरम…सुर्ख सूरज की तरह उसका चेहरा नजर आया! फिर शब्दों की अग्निवर्षा…

"आनंदजी, तुम आदमी हो कि क्या हो? तुम रामायण सुनाते हो, लेकिन

वनवास नहीं चाहते। तुम गीता पढ़ते हो, लेकिन महाभारत नहीं लड़ना चाहते, मगर मैं रामायण, गीता, बाइबल तीनों को चाहता हूँ। मैं वनवास भी काटूँगा... महाभारत भी लड़ूँगा और समय आया तो क्रॉस पर भी चढ़ जाऊँगा!"

यह कहकर सनसनाते तीर की तरह,

बिरसा वहाँ से निकला!!

वह दौड़ता ही जा रहा था।
हवा के साथ-साथ
वह हवा ही था शायद
जिसे साँस लेने की जरूरत नहीं थी
बिना थके
बिना रुके
वह दौड़ता जा रहा था
न रफ्तार कम हुई
न जुनून कम हुआ
बस, दौड़ता जा रहा था…।।

अकाल का कंकाली पंजा
जब अपने नाखून भूखे पेट में चुभोता है
तो एड़ियों की रगड़ से
सिर्फ धरती जान पाती है···
कि जिंदगी,
अपने तड़पने का अरमान कितना पूरा कर सकी?
समय का दुकानदार—फिर से चीख-चीखकर यह ऐलान कर रहा था—
"जिंदगी सस्ती—मौत महँगी"
"जिंदगी सस्ती—मौत महँगी"
इसके बावजूद
सस्ती जिंदगी का कोई खरीदार नहीं था!
उलटी करता सुगाना मुंडा!
करमी ने देखा तो सफाई पर उतर आया···

"भूख लगी तो इमली का पानी पी लिया, तो बचा-खुचा पेट में जो भी था, बाहर आ गया!"

"आँतें बाहर नहीं आईं वरना मारे भूख के तुम उनको भी चबाने लगते।"

इस बात पर सुगाना इतना हँसा···कि भूख मिट गई···दर्द रह गया···!

भूख
मौत की तरह है—किसी को नहीं छोड़ती।
माटी
जो सबको खा जाती है···

उसको एक चार साल का बच्चा खा रहा था।
भूख से जंग जारी थी!
कौन किसके आँसू पोंछे… ?
सबकी ही आँखों में आँसू…
और आँसू-से-आँसू तो नहीं पोंछे जा सकते!!

रात जैसे काली डायन!

बिरसा एक के बाद एक पत्थर हटाता जा रहा था!

कुत्ते रोए जा रहे थे।

पत्थर हटाते-हटाते चालकी की लाश नजर आई···!

वह आज ही मरी थी।

उसकी उँगली में अब भी चाँदी की अँगूठी थी,

झाड़-फूँक करनेवाला हरमू मुंडा याद आया···

"चालकी की अकाल मृत्यु हुई है···इसलिए भूत-प्रेत तो आएँगे लेकिन खाएँगे क्या? इसलिए अँगूठी रहने दो!"

बिरसा ने वो अँगूठी निकाल ली!

पेड़ के पीछे धानी मुंडा को समझ में नहीं आया कि उसके भगवान् को यह क्या हो गया?

जन्म के समय तीन तारे तो सचमुच नजर आए थे?

उसने जोर से लाठी जमीन पर मारी!!

बंदगाँव हाट

"आठ आना।"

सुनार ने बिरसा को अँगूठी की कीमत बताई।

"लाओ!"

नरसिंह मुंडा बिरसा के गाँव का था, उसे यह देखना था···उसने देख लिया!

"इसने उसकी लाश को उखाड़कर इसे निकाला होगा।"

एक उँगली—फिर कई उँगलियाँ,

एक आवाज—फिर कई आवाजें,

"बिरसा तुमने ऐसा क्यों किया?"

"ऐसा क्यों किया?"

"क्यों किया?"

बिरसा चीख उठाऽऽऽ

"इसलिए कि मैं किसी को भूख से मरते नहीं देख सकता! तुम लोग देख सकते हो तो देखो, मैं नहीं देख सकता···नहीं देख सकता!!"

बिजली जोर से कड़की!!!

वह अब भी दौड़ता जा रहा था···
वही बेचैनी—वही बेकरारी,
वही जुनून—वही पागलपन,
न रास्ते का ध्यान···
न काँटे, न पत्थर, न बिच्छू का डर,
एक दर्द, जो उसने पहले होश में महसूस किया था···
अपने लोगों के लिए···!!
वह इसी दर्द के निवारण के लिए···
दरवाजा-दरवाजा दस्तक देता चला गया था,
लेकिन कोई दरवाजा···नहीं खुला
अगर कोई खुला तो इतनी जोर से बंद हुआ
कि रूह तक जख्मी हो गई!
अब वह कहाँ जाए?
किससे कहे?
क्या करे?
वह दौड़ता ही जा रहा था···
अचानक पाँव में ठोकर लगी और वह दूर···पत्थर पर गिरा!
जब उठा, तो पूरा चेहरा खून···खून···
डूबते सूरज के लिए धरती का यह हिस्सा···
आईना बन गया···
इसमें सूरज ने अपना अक्स देखा—खुश हुआ,

लेकिन मुसकरा नहीं सका··· !
वह बहुत थक चुका था, धीरे-धीरे डोंबारी पहाड़ के पीछे जाने लगा··· !
लेकिन···बिरसा नहीं थका था,
वो उठा और उसने फिर से दौड़ना शुरू किया···
डोंबारी पहाड़ की चोटी से एक सूरज पीछे जाता हुआ,
तो एक सूरज उसकी तरफ आता हुआ!
जब बिरसा पहाड़ की चोटी पर पहुँचा
तो वह सूरज छिप चुका था!
अब बिरसा
हाँफता हुआ
झुका हुआ
नीचे जंगल और बस्तियों को देख रहा था
जो बाँहें नहीं समेट सकतीं, वह नजरें समेट लेती हैं···
पूरा मंजर उसे 'माँ' लग रहा था···
सवाली···'माँ'
फरियादी···'माँ'
रुदाली···'माँ'

बिरसा ने लंबी साँस खींची··· !

सीधा खड़ा हुआ··· !!

पेट को पीठ से लगाया··· !!!

और बदन कमान की तरह तन गया··· !!!

फिर उसकी आवाज आकाश की ओर तीर की तरह छूटी··· !

"बोल! मैं क्या करूँ?"

"मैं क्या करूँ?"

"क्या करूँ··· ?"

पहाड़ी देवियाँ यह सवाल जल्दी-जल्दी एक-दूसरे के हवाले करती गईं। इसका वजन उनसे सँभाले नहीं सँभल रहा था। अब बिरसा ने अपने दोनों हाथ आसमान की तरफ उठाए और फिर से चीत्कार कर उठा···

"बोल! मैं कहाँ जाऊँऽऽऽ!"

कहीं जाने की जरूरत नहीं, अपने आप में लौट और तू वो ही कर जो तू करना चाहता है, तू ही कर-तू ही कर!

ये आसमानी संदेश लेकर बिजली जोर से कड़की और बिरसा के ऊपर आ गिरी!

धानी मुंडा तो जैसे अंधा हो गया ···

क्या उसका भगवान् मर जाएगा?

डरते-डरते उसने आँखें खोलीं···

बिजली अब भी चमक रही थी—

बिरसा अब भी हाथ उठाए खड़ा था!

क्या भगवान् जल गया··· ?
राख का पुतला बन गया ?
अचानक उसने बिरसा को हाथ नीचे करते देखा···
"भगवान् जिंदा है ! भगवान् जिंदा है··· !"
वह चिल्ला पड़ा और चिल्लाते हुए जंगल में भागने लगा !
फाल्गुन की पगली हवाएँ भी
इसी तरह खुशबू लेकर भागती हैं···शायद··· !

नगाड़ा बज रहा था।

पहान का नगाड़ा, तभी बजता जब कोई विपत्ति आती!

सुगाना मुंडा, वीर सिंह मुंडा, प्रचारक और दूसरे भागे-भागे पहुँचे तो नई बात देखी—

नगाड़ा···पहान नहीं धानी मुंडा बजा रहा था···

"क्या हुआ? कोई खूँखार जानवर आया क्या··· ?"

"नहीं!"

"कोई जमींदार का आदमी आया क्या?"

"नहीं!"

"कोई पुलिसवाला आया क्या?"

"नहीं!"

"फिर कौन आया?"

धानी मुंडा तो अपनी ही धुन में था···

"बताओ वह कौन है, जिसके जन्म पर तीन तारे दिखाई दिए थे?"

"बिरसा!"—कोरस

"किसके बारे में चाईबासा के बुढ़िया ने कहा था कि वह हम सब का उद्धार करेगा?"

"बिरसा!!"

"कल रात उसी बिरसा के ऊपर···ठीक उसके सिर के ऊपर बिजली गिरी, लेकिन उसे कुछ नहीं हुआ!"

सभी नि:शब्द···

"वह हमारा मसीहा है, भगवान् है, वह हमारा धरतीअबा है! वह देखो आ रहा है···"

पीछे उगता हुआ सूरज

सामने···

बिरसा आता हुआ दिखाई दिया···

सिर पर सफेद चादर की पगड़ी, जिस पर ललाट के ऊपर खून का एक बड़ा सा धब्बा यूँ लग रहा था जैसे सफेद ताज के बीच में कोई कीमती सुर्ख नीलम हो और बादशाह चला आ रहा हो···जो अभी-अभी सूरज के रथ से उतरा हो···और किरणें दरबारियों के अंदाज में कोर्निश कर रही हों,

बेचैन,

सनकी,

जुनूनी···बिरसा को जैसे बिजली भस्म कर गई

यह तो कोई और ही था!

व्यक्ति मरता है!

व्यक्तित्व नहीं मरता!!

एक ऐसा ही नहीं मरनेवाला व्यक्तित्व सबके सामने था···!

कौन इनकार करता?

अपने आप सबके हाथ ऊपर उठे···जुड़े···फिर होंठ खुल गए···

"धरतीअबा"!

···ये जंगलवासी

किसी गुमनाम पैगंबर की

अनाम धार्मिक पुस्तक की तरह···उपेक्षित

समय की ताक पर रखे-रखे,

सदियों की धूल से दबे-दबे

इनको पहली बार बिरसा के हाथ मिले थे!

ये गद्गद हो उठे!!

जंगल के सारे रास्तों, पगडंडियों ने चालकद का रुख कर लिया।

कई नए रास्ते भी बन गए ···

कभी-कभी मंजिल के बाद रास्तों का जन्म होता है! ऐसे रास्ते मुश्किल तो होते हैं, मगर चलना आसान होता है।

झुंड-के-झुंड लोग बिरसा को देखने दूर-दूर से आ रहे थे! चलते-चलते रास्ते में तरह-तरह की बातें···कहीं

परमी!

पंद्रह साल की-कच्चे बेर की तरह खट्टी-मीठी···तितली जैसी नरम, नाजुक, चंचल वह अपने माँ-बाप से पूछ रही थी—

"क्या वह सही में भगवान् हैं?"

"हाँ··· !"

"धत्"

"अरे हाँ, रे···धानी मुंडा झूठ थोड़े ही बोलेगा?"

मथुरा मुंडा ने जोर दिया!

"मैं देखूँगी तब मानूँगी···"

कुँवारी खुशबू इठलाई।

तो कहीं

साली!!

इसका सौंदर्य गहरी स्याही से रेखांकित-उन्मुक्त। इसे जो देखे, गदराए सुख का अनुभव करे···! वह डोंका मुंडा से कह रही थी—

"हमने कितनी जगह माथा टेका, पूजा की, मगर किसी भगवान् ने आज तक हमारा भला नहीं किया।"

"सो तो है!"

"अच्छा है···हमारा अपना कोई भगवान् हो जाए!"

साली अति उत्साहित!

तो कहीं···

जानेवाले गया मुंडा और उसके परिवार को वापस लौटता हुआ सनरी मिल गया। उसकी बाँह पकड़े महुवा भी उसके साथ थी।

"तूने देखा?"

"हाँ, देखा न!"

"क्या देखा?"

"भगवान्! हाँ···अब वो बिरसा नहीं है, बिल्कुल भगवान् है।"

"हमने उसे जी भरके देखा···।"

सनरी को नाचने-गाने की आदत थी। वह गाने लगा—

"चल हे मित्रा चालकड़े जाई···
बनरे बके चाल काड़ जाई···
तारे देखते चल जाई···
सबाई जाए मोराओ चल···तारे देखते जाई···"

महुवा भी उसके साथ-साथ गाने लगी। सनरी को जोश आ गया! वह नाचने लगा! महुवा भी नाचने लगी। फिर धीरे-धीरे सभी नाचने-गाने लगे।

इसी तरह नाचते–गाते सनरी और महुवा भी चालकद की ओर चल पड़े···दोनों वापस जाना भूल ही गए!

कुछ लहरें ऐसी होती हैं, जो मंदिर की सीढ़ियों से बार–बार टकराना चाहती हैं!

चालकद···

रात हो चुकी थी!

पहले दिन अपने साथ यहाँ की सारी मस्तियाँ बुहार ले जाता था, मगर अब तो रात में भी रौनक थी···!

कई नए झोंपड़े, जगह-जगह जलती मशालें

हर समय लोगों का आना-जाना, चहल-पहल।

एक भीड़···

जो बिरसा के दर्शन के लिए आतुर थी···उसे वीरसिंह मुंडा एक नए झोंपड़े के पास लाया।

द्वार खुला—

अंदर घुप्प अँधेरा···धरतीअबा कहाँ हैं?

बेचैनी···

धानी मुंडा ने मशाल जलाई तो धरतीअबा नजर आए! पीली धोती, पीली पगड़ी, बदन पर हल्दी लगाए। धरतीअबा जैसे स्वर्ण पुरुष! देखनेवालों की सोच से, सपनों से, कल्पना से भी अधिक सुंदर, चमत्कारी, प्रभावी ···!

अपने आप सबके हाथ ऊपर उठे-जुड़े-फिर होंठ खुल गए, 'धरतीअबा' साली ने आगे बढ़कर लाल फूल धरतीअबा के चरणों में डाल दिया।

एक परमी ही थी···जो न हाथ जोड़ पाई और न ही कुछ कह पाई, बस देखती रह गई थी।

नगाड़ा बजने लगा

पहान का नगाड़ा···अब विपत्तियों का सूचक नहीं

बल्कि शहद का एक ऐसा छत्ता···

जिस पर चोट लगते ही खुशियों का अहसास

भनभनाकर चारों तरफ उड़े और सबको काट ले और अंग-अंग में तरंग और गुदगुदी भर दे!!

अलाव के चारों ओर

मर्द, औरत, जवान, बूढ़े सब हाथों में हाथ डाले नाचने लगे! जो हँड़िया के नशे में थे, वो कुछ ज्यादा ही बहक रहे थे!

बिरसा इनको देख रहा था! उसके चेहरे पर इनकी परछाइयाँ गुजरती रहीं! पास ही वीरसिंह मुंडा और धानी मुंडा खड़े थे!

बिरसा ने पूछा—

"ये इतने खुश क्यों हैं··· ?"

"ये बरसों से चाह रहे थे कि इनका अपना कोई भगवान् हो···जो इनको मुक्ति दिलाए! वह इनको मिल गया···इसलिए"

"वह पेड़ बहुत अच्छा लगता है, जो फल टपका देता है···मेहनत जो नहीं करनी पड़ती! है न ?"

"हाँ! सो तो है!" दोनों ने हँसते हुए बिरसा को देखा!

उसके चेहरे की मिट्टी पत्थर होती जा रही थी।

"लेकिन मैं ऐसा पेड़ नहीं हूँ! यह सबको समझना होगा कि बिना कुछ किए कुछ भी नहीं मिलता···कुछ भी नहीं मिलेगा!"

"आप जो कहेंगे, ये वही करेंगे।"

"ये तो एक कदम चलकर ही इतने खुश हो जाते हैं, ये सौ कदम क्या चल पाएँगे ?"

बाहर नाच अब भी जोरों पर था···

अचानक

नगाड़ा खामोश हो गया,

पाँव रुक गए···

सबने मुड़कर देखा···
···धरतीअबा···खड़ाऊँ पहने सामने थे।
"तुम लोग आज से हँड़िया नहीं पीओगे!"
"थोड़ा भी नहीं?" सुखराम मुंडा ने पूछा।
"इससे भी ज्यादा नशेवाली चीज एक दिन पिलाऊँगा···!"
"फिर तो ठीक है" ···सब खुश!
"तुम लोग नहीं नाचोगे?" सनरी मुंडा ने पूछा।
"बिल्कुल नहीं?"
"एक दिन खुद मैं नाचने को कहूँगा···उस दिन जमकर नाचना!!"
"फिर तो ठीक है!" सभी खुश!
"लेकिन धरतीअबा, आप बोलना जरूर।"
"वही बोलने के लिए तो मैंने जन्म लिया है।"
फिर खुशियों के नंगे स्वर ···
जो शब्दों के लिबास के बिना बहुत प्यारे हो गए थे!!

हरमू मुंडा ने सारी घृणा और क्रोध को समेटकर चबाते हुए कहा—"धरतीअबा"

और मुर्गी की गरदन काट दी··· !!

सिर को हाथ में दबोचे रखा, धड़ जमीन पर तड़पता रहा···

खड़ाऊँ की आवाज गूँजी! बिरसा···वीरसिंह, धानी मुंडा, गया मुंडा और दूसरों के साथ यहाँ पहुँचा!

"उधर देखो! तुम लोगों की दशा भी यही है! तुम लोग भी इसी तरह तड़प रहे हो—बिना मुंडी के! अगर मुंडी होती तो कुछ सोचते, समझते···कुछ सपना देखते!"

अब मुर्गी का तड़पना रुक गया था! आखिर की चंद साँसें जो अटकी थीं वे उसकी टाँगों को हलके झटके दे रही थीं··· ! फिर···साँसें भी गईं···झटके भी गए।

यही वह क्षण होता जब सभी उत्तेजित होकर हो-हो करके चिल्ला पड़ते थे···लेकिन आज सभी चुप थे···एकदम चुप!

दृश्य वही था,
आँखें वही थीं,
नजरें भी वही थीं,
मगर बिरसा ने नजरिया बदल दिया था··· !
बबूली चुप्पी बिरसा ने ही तोड़ी
"आज से कोई भी पशु-पक्षी को नहीं काटेगा!"
हरमू मुंडा ने बात काटी···

"नहीं काटेगा तो भूत-प्रेत क्या खाकर प्रसन्न होंगे? फिर इसका रोग कौन दूर करेगा?" सामने बीमार नरसिंह मुंडा बैठा था···!

बिरसा हरमू मुंडा की ओर बढ़ा, बोला—"तुम्हारी आत्मा के पेट है···? नहीं! उसी तरह भूत-प्रेत के भी पेट नहीं होते!"

"हाँ, तुम्हारा पेट बहुत बड़ा है।"

धानी मुंडा ने हरमू मुंडा के बड़े से पेट को सहलाते हुए कहा और सभी खिलखिला उठे।

अब बिरसा-नरसिंह मुंडा के पास गया···और बैठ गया!

"क्या चाहते हो, जीना या मरना?"

"जीना!"

"तो जियोगे···जरूर जियोगे।"

उसकी आँखों से आँखें मिला दीं···

एक विद्युत लहर जैसे नरसिंह के अंदर प्रवेश कर गई! उसे अपने अंदर एक नई शक्ति, नई ऊर्जा का आभास हुआ!

इधर बिरसा ने खड़े होते हुए घोषणा की···

"आज से कोई मांस नहीं खाएगा?"

"बाद में खाने को बोलेंगे?" गया मुंडा ने धीरे से पूछा।

"नहीं, मांस खाने को कभी नहीं बोलूँगा! किसी को नहीं बोलूँगा! और किसी का भी मांस खाने को नहीं बोलूँगा।"

बिरसा का यह संदेश जंगल तक था···जंगल के बाहर···

थप्पड़,

मुक्का,

लात···जब दुखने लगे तो

छड़ी, लाठी जो हाथ आए,

इससे भी जी न भरे···तो कारिंदों के आगे मरम्मत के लिए फेंक दें। अगर यह मनभावन तमाशा भी कम लगे···

तो दारोगाजी के हवाले···!!

एक बोतल अंग्रेजी दारू में धुलाई-पोंछाई का सारा काम खत्म। अत्याचार की इस लंबी कविता के रचयिता थे,

बंदगाँव के जमींदार जगमोहन बाबू!

वह सनरी को हाथ, लात के बाद अब लाठी से पीट रहे थे···इल्जाम यह कि···वह धरतीअबा को देखने क्यों गया था? सनरी सीढ़ियों से नीचे गिरा तो मरम्मत के लिए कारिंदे भी लग गए···

महुवा को तो जमींदारन ने जमींदार का भोजन बनने से बचा लिया था। मगर सनरी···

उसके तन-बदन की जैसे धज्जियाँ बिखेर दी जाएँगी। महुवा दूर खिड़की से सब चुप-चुप देख रही थी।

जगमोहन सिंह आराम करने कुरसी पर बैठे तो

पानी लाकर देनेवाला,

बदन दबानेवाला,

सारे आदिवासी!!

मगर बोले कौन?

कोई नहीं बोलेगा?

इनकी बोलने की आदत ही नहीं?

सभी चुप!

पास में ही खाता बही खोले आनंद पांडे,

जगमोहन के मुंशी

यह चंदन लगाना नहीं भूलते। माथा इससे ठंडा रहता है! खंभे के पास हरमू मुंडा भात के बड़े-बड़े कौर निगलता हुआ···बगल में बैठा कुत्ता उनको हैरत से घूर रहा था!

कारिंदों से पिटने के बाद अब थाने में··

सनरी की धुलाई-पोंछाई!

"स्साला चोरी करता है!"

मार की हर किस्त के बाद दारोगा अपनी मूँछ जरूर मरोड़ता! फिर घायल सनरी वापस जमींदार जगमोहन के सम्मुख!

"हुजूर, भूख लगी है!"

"चुप!"

इतनी जोर से डाँटो कि सामनेवाला माँगना भूल जाए, सिर्फ देना याद रखे···

यह था जमींदार साहब का फलसफा···!

सनरी···चुप।

अब जमींदार साहब ने खुद अपना फरमान पढ़ना शुरू किया!

"कान खोलकर सुन लो। एक साल तुमको बेगार करना है···तुमने कागज पर ठप्पा लगाया है। कागज में यह नहीं लिखा है कि खाना देना होगा! समझे! एक बैल कमजोर है, जा! उसी की जगह लग जा···जा!"

टप-टप पिघलती दोपहरी
सूखी मिट्टी में हल चल रहा था!
बैल के साथ सनरी भी हल में जुता हुआ था!
खेत की माटी और बदन की माटी दोनों ही छिली जा रही थी!
और दोनों ही चुप!
यह मजदूर अगर नहीं हो तो
तो रेशम···आँचल न बने
कालिख···काजल न बने
मिट्टी···सोना न बने
चाँदी···पायल न बने
एक अजीब सिरफिरी व्यवस्था!
जिसमें भीख देना
मजदूरी देने से अधिक पावन हो!!

रात!

कड़वी-कसैली दवा की तरह···घूँट-घूँट नीचे उतरती···

उफ!

यह रात कितनी लंबी है···!!

बिरसा ने करवट बदली!!!

उधर जगमोहन, दारोगाजी, कैप्टन मेयर्स आराम कुरसियों पर! उनके सामने आग पर सींक कबाब का पलटा जाना···इधर बिरसा का करवटें बदलना!

दोनों पहलू बदल-बदलकर जल रहे थे!!

···मांस के जलने की बू बिरसा यहाँ भी महसूस कर रहा था!

कभी-कभी
दिल इतना छोटा
कि अकेले का दर्द भी इसमें नहीं समा पाता
तो कभी इतना बड़ा
कि एक जहान का दर्द भी इसमें समेट लिया जाए
फिर भी थोड़ी सी जगह खाली बच जाए!

करमी-बिरसा को देर से देख रही थी!

वह माँ थी!

माँ तो दूर से ही सूँघ लेती है कि अंदर क्या पक रहा है! वह करीब खिसक आई—

"बिरसा, तू तो अब धरतीअबा हो गया है। फिर भी तू इतना छटपटाता

क्यों है ?"

"..."

"तू चाहता क्या है ?"

"माँ, तू रात में सोती नहीं ?"

"देख, सब सो रहे हैं—निश्चिंत···उनका भगवान् उनके पास है न! फिर उन्हें क्या चिंता ? लेकिन मैं कैसे सो जाऊँ ? मैं तो भगवान् की माँ हूँ ! भगवान् जागे और माँ सो जाए, ऐसा कभी हुआ है रे··· ?"

इनसान बहुत भाग्यशाली है···

हरेक को माँ के रूप में एक भगवान् मिला रहता है ! बिरसा ने सोचा और उसकी आँखें आरती के दीयों की तरह जल उठीं !

अब करमी कह रही थी—"बिरसा, मैंने सुना था कि किसी मुंडा का बेटा चावल और नमक की बोरी लेने कहीं बाहर गया था ! उसकी माँ नदी किनारे उसका रास्ता देख-देखकर रोती-रोती पत्थर की हो गई !"

"माँ···"

बिरसा के हाथ आँचल की ओर आगे बढ़े !

"बस···बस ज्यादा उतावला मत हो···यह देख, साफ हो गया, थोड़ा ही तो था !" आँसुओं को पोंछते हुए करमी हँस पड़ी।

यह तो अच्छा हुआ कि वह हँस पड़ी···

और बिरसा डूबते-डूबते बच गया।

"बिरसा !"

"ऊँ !"

"बता, स्वाद किससे है ? नमक से। है न ? इस जंगल में सबकुछ है, थोड़ा या ज्यादा, है न सबकुछ, लेकिन नमक नहीं है जिसके लिए हम कहाँ-कहाँ हाट-बाजार नहीं जाते। तू तो भगवान् है न ! बता, आँखों से इतने आँसू क्यों नहीं बहते कि भात में उसी का नमक मिलाकर हम खा लें !"

सदियों ने चीख मारी और पलों की आँख में आँसू आ गए··· !

करमी तड़प उठी !

"नहीं, तू नहीं—भगवान् को यह शोभा नहीं देता···तू सो जा···कुछ मत सोच···सपना देखना हो तो देख···तुम्हें तो बचपन से सपने देखने की आदत है···देख···"

उसने बिरसा की आँखों को धीरे से बंद कर दिया···फिर उसकी पलकों को चूमकर···शीतल आशीर्वाद दिया। परमी···

यह सब चुपचाप चोरी-चोरी देख रही थी··· !

वह भागी!!

झोंपड़े के चारों तरफ लोग बिखरे पड़े थे···गहरी नींद से धँसे···परमी उनको लाँघती-फलाँघती अंदर गई।

परमी के माँ-बाप, साली और दूसरी औरतें अभी तक जागी हुई थीं··· डरी हुई थीं।

रात की नागिन अकसर परमी जैसी मासूम तितलियों को डँस लेती है!

"इतनी देर से कहाँ थी?"

परमी को साँसें दुरुस्त करने की मोहलत भी नहीं दी गई···

दूसरा सवाल!

"बोल! कहाँ गई थी?"

"बापू···वह बिरसा है न···"

"ऐ धरतीअबा, बोल! वह भगवान् है!" साली ने कहा!

"मैं यही तो कहना चाह रही हूँ, वह भगवान् नहीं है··· ! भगवान् कभी रोता है··· ? अरे, जो भगवान् है, वह काहे को रोएगा? है न? मैंने उसको अभी-अभी रोते हुए देखा है···अपनी आँखों से···वह मेरी और तुम्हारी तरह है! हाँ! वह भगवान् नहीं है!"

एक पतली रस्सी पर चलता हुआ बाजीगर···क्या कभी यह चाहेगा कि रस्सी टूट जाए?

मथुरा मुंडा चिल्ला पड़ा—"चुप!"

"काहे को चुप? जो देखा वह बोल दिया···" परमी हँसती-खिलखिलाती भाग गई··· ! किसी को भी उसका यह सबकुछ अच्छा नहीं लगा!

"पगला गई है!"

परमी खुश थी

कि बिरसा भगवान् नहीं है···

वह सूरज नहीं है···जो दूर-दूर रहेगा···

वह सूरज की किरणों की तरह है

जिसको वह पास-पास महसूस कर सकेगी

छू सकेगी,

बावली पुरवा कहाँ रुकती है··· ? वह भागती हुई जा रही थी···

परमी जब बहुत खुश हो जाती तो वह नदी में छलाँग लगा देती!

नदी के करीब पहुँचकर पहाड़ी को देखा!

सामने से सूरज निकल रहा था···

किरणें अब तक कुँआरियों की शर्म लिये

सिमटीं-सिमटीं

परमी ने बदन की चादर हवा में उड़ा दी और उसके दोनों हाथ पीछे होते चले गए···जैसे वह सूरज से आत्मसात् होना चाहती हो! तभी हवा का ठंडा झोंका उसके नंगे बदन से टकराया! वह सिहर उठी और उसने पानी में छलाँग लगा दी!

कभी-कभी ठंडे का इलाज भी ठंड से होता है···!! अचानक बाँसुरी की आवाज गूँजी

जो परमी के शरीर को भेदती हुई उसकी आत्मा से जा मिली।···वह उस आवाज से बँध-सी गई···!

नदी से बाहर निकली और दौड़ने लगी···उसे इतना भी होश नहीं कि वह चादर उठा ले···

वह पत्ता-पत्ता दौड़ती गई···दौड़ती गई!

महुआ के पेड़ का शामियाना···!

बिरसा आँखें बंद किए बाँसुरी बजा रहा था।

परमी दौड़ती–दौड़ती जैसे ही पास पहुँची, बिरसा की बाँसुरी चुप हो गई···

वह रुक गई···और जैसे होश आ गया!

बिरसा की आँखें···अब भी बंद!

बिरसा का बाँसुरी बजाना ही···शायद उसका रोना था!

रोना अचानक कहाँ बंद होता है, सिसकियाँ तो लेनी पड़ती हैं!! परमी के आगे कई सफेद फूल खिले थे। उसने धीरे–धीरे कई फूल तोड़े···आवाज नहीं हुई!

फूलों की यह अदा परमी को अच्छी लगी कि वे खामोशी से टूट जाते हैं!!

अब वह बिरसा की ओर बढ़ी।

वह यूँ थम–थमकर चल रही थी जैसे वह धरती पर नहीं, शीशे पर चल रही हो···और जरा भी तेज चली तो शीशा टूट जाएगा। वह बिरसा के करीब पहुँची···

उसके हाथ उठे···अलग हुए···और बिरसा पर फूलों की फुहारें···

बिरसा ने आँखें खोलीं, तो सामने परमी!

आषाढ़ की पहली बारिश में भीगी हुई माटी की तरह जिसकी सौंधी–सौंधी खुशबू को महसूस तो किया जा सकता है, लेकिन उसे अंग नहीं लगाया जा सकता!

बिरसा ने उठना चाहा तो वह पास आकर बैठ गई।

"तुम बाँसुरी बहुत अच्छी बजाते हो। मुझे भी बाँसुरी बजाना सिखाओ न।"

खुशबू और पास आ गई।

"सिखाओ न।"

"तुम बाँसुरी बजाना नहीं सीख सकती!"

"क्यों? मैं क्यों नहीं सीख सकती? क्यों नहीं?"

"बाँसुरी बजाना वही सीख सकता है जिसके दिल में बाँसुरी की तरह छेद हों!"

"फिर मुझे सीखना भी नहीं है, मुझे अपने दिल में छेद नहीं चाहिए।"

"क्यों?"

"क्योंकि मेरे दिल में तुम हो!"

खुशबू दिशा-दिशा फैल गई···

"परमी, मुझे दिल से निकाल दो वरना तुम्हारे दिल में भी छेद हो जाएगा!"

"यह बात तुम दूसरों से क्यों नहीं कहते, जो तुमको भगवान् मानते हैं!"

"उनके लिए तो मेरा जन्म हुआ है!"

"मेरे लिए नहीं न? लेकिन मेरा जन्म तो तुम्हारे लिए हुआ है।" यह कहकर परमी ने भीगी आँखों से भरपूर बिरसा को देखा! अगर उसका वश चलता तो वह उसे पलकों में दबाकर ले जाती, लेकिन···पलकों से तो आँसू भी नहीं सँभलते··· ! वह रोती हुई भाग गई!

वीरसिंह मुंडा आया—

"धरतीअबा, परमी रो रही थी!"

"उसे रोने दो, उसका रोना मुझे अच्छा लगा।"

वीरसिंह कुछ समझ नहीं पाया!

जो सोच नहीं पाते, वे समझ भी नहीं पाते!

बिरसा ने समझाना शुरू किया···

"जमींदार का कुत्ता है न···उसे भी जब खाना नहीं मिलता है तो वह भी चीखता-चिल्लाता है। हम आदिवासी तो न जाने कब से भूखे-नंगे हैं, लेकिन हम चुप रहकर सबकुछ सहते जा रहे हैं! चुप रहने से अच्छा है रोना! रोना क्रांति के रास्ते पर उठा हुआ पहला कदम होता है!"

वह दिन बृहस्पतिवार था···

सार्वजनिक पूजा का दिन!! बिरसा ने जनेऊ पहना था! उसके बदन में हल्दी लगाई जा रही थी और वह आँखें बंद किए कहे जा रहा था—

"आदमी आधी क्या पूरी जंग जीत लेता है···अगर वह खुद को जीत ले! आदमी क्या है? पानी की एक बूँद! लेकिन अगर वह चाहे तो इस एक बूँद में एक समुद्र समेट ले···वह भी मीठा समुद्र!"

हल्दी लगानेवाले मर्दों में साली भी सम्मिलित हो गई···लेकिन परमी देखती रही! साली ने परमी को इशारे से बुलाया···तितली बुलाने से कहाँ आती हैं?

परमी मुसकाती खड़ी रह गई···! जब हल्दी लग चुकी तो बिरसा ने आँखें खोलीं और साली को देखा!

"मुझे पता ही नहीं चला तुम भी हो, तुम हल्दी मत लगाया करो!"

"नहीं, मैं लगाऊँगी! मैं कोई···मैं कोई रेत या पत्थर नहीं···मैं तो मछली की तरह हूँ, जो किनारे पर रहे तो मर जाती है!"

आत्मसमर्पण का सूफियाना स्वर

हल्दी के बाद भी 'कुछ' बिरसा पर मल गया।

बिरसा साली के उस पार भी देख पा रहा···

और साली बिरसा से अलग कुछ नहीं देख पा रही थी!

हवा,

छूती है–मिलती है–टकराती है,

मगर रुकती नहीं

चलती रहती है!

बिरसा भी चल दिया

पड़ा रह गया—हल्दी और उसके बदन के मैल का काला–पीला मिश्रण इससे पहले कि हवा उसे बुहार ले जाती, साली ने उसे अपने हाथों में समेट लिया।

"हाँ, उसे बाहर फेंक दे!"

गया मुंडा ने कहा और साली ने तड़ से उसे देखा···

उसकी आँखों से तीर छूट रहे थे

गया मुंडा सहम गया···और साली हँस पड़ी

न समझ में आनेवाली हँसी अकसर डरा देती है! गया मुंडा सचमुच डर–सा गया। साली और जोर से हँस पड़ी और हँसती हुई भाग गई।

झोंपड़े के अंदर,

पीले प्रकाश का छोटा सा दायरा साली और दीया दोनों जलनेवाले··· आमने–सामने दुनिया की हर चीज जलती है और एक ही रंग में जलती है। मगर इनसान कई रंगों में जलता है, इनसान जब अहंकार में जलता है तो अँधेरा फेंकता है

यही इनसान,

जब···प्यार में

और प्यार से…जलता है

तो वह सूरज जैसा तपने लगता है और धरती जैसा तृप्त भी होने लगता है

साली की नंगी पीठ पर महुवा वही काला-पीला मिश्रण मल रही थी और साली…

तप भी रही थी और तृप्त भी हो रही थी! उसकी आँखों में जैसे भँवर समा गया था।

हर चीज उसमें डूबती जा रही थी। अब वह अपने धरतीअबा को अपने अंग-अंग रोएँ-रोएँ से महसूस कर सकती थी!

कुछ प्यास ऐसी होती है जिसे जिस्म का दरिया भी पिला दो, फिर भी नहीं मरती! अचानक साली ने महुवा से पूछा…

"महुवा, तू मेरे बदन के अंदर हाथ डालकर इसे मेरी आत्मा पर लगा सकती है?"

महुवा क्या बोले? चुप!

कुछ इच्छाएँ पूरी नहीं की जा सकतीं, लेकिन पूरी हो जाती हैं! आत्मा के खेल में

'कर्म' शून्य हो जाता है यहाँ 'इच्छा' ही प्रधान है!!

तालाब के मटमैले पानी पर···पूरा चाँद!

परमी ने दोनों हाथों से उसे उठाना चाहा···तो पानी का दर्पण टूट गया··· कुछ टुकड़े हाथ में रह गए···बस! साली जो यह सब देख रही थी, हँस पड़ी···

"क्या कर रही थी···?"

"मैं धरतीअबा के चेहरे को हाथों में लेना चाह रही थी!"

साली फिर हँसी

"लेकिन तुम तो चाँद को···"

"मैं चाँद में उन्हीं को देख रही थी! तुम भी ऐसा करती हो?"

"नहीं, मैं तो बिरसा में चाँद को देखती हूँ!" साली ने जवाब दिया और पूछा—

"परमी, तुम भी उनको बहुत चाहती हो और मैं भी···फिर हम दोनों में फैसला कैसे होगा?"

"पता नहीं!"

"धरतीअबा की तुमने पूरी बात सुनी? मुझे तो लगता है···वह एक बूँद भी हैं और समुद्र भी!"

अचानक तितली को जैसे पंख लग गए···

"तो एक काम करो···तुम उनका समुद्र ले लो···और मेरे लिए एक बूँद रहने दो!"

कहते-कहते परमी हँस पड़ी, फिर बोली—

"थोड़ा कुछ मिले तो अच्छा है, जहाँ चाहो छिपाकर रख दो, ठीक है न?"

"हाँ!"

दोनों हँस पड़ीं!

मटमैले पानी में चाँद फिर से डौलने लगा था।

घूरा नदी···

इसकी लहरों को गाँववालों ने पत्थरों से बाँध रखा था! नतीजतन पानी जमा था, लेकिन गंदा! इसी पानी में गाँववाले नहाते, कपड़े धोते, फिर इसी को पीते! यहाँ जानवर भी बैठे रहते! पानी के किनारे-किनारे चलते हुए बिरसा अपने लोगों से कह रहा था···

"इस पानी को बहने से तुम लोगों ने रोक दिया, इसी तरह तुम लोगों को भी आगे बढ़ने से रोक दिया गया है। अब तुम लोग भी इस पानी की तरह हो···रुके हुए···गंदे···रोगी!"

बिरसा ने एक बड़े से पत्थर को हटाया और कैदी पानी रिहा होकर भागा···अब सारे लोग आगे बढ़े और देखते-ही-देखते जेल की काई लगी दीवारें ढहा दी गईं···

अब पानी कल-कल करता बहने लगा···!

एक संगीत, जो जलसमाधि ले चुका था, वह फिर से जी उठा···

बिरसा ने आगे कहा—"पानी को पत्थर से टकराते रहने दो, इससे पानी भी साफ रहेगा और पत्थर भी!"

हवेली से बाहर,

जमींदार जगमोहन की घर गरज जारी थी··

"इनके नए भगवान् ने इनको क्या मोहिनी खिलाई है, पता नहीं? सब भाग गए। एक आदिवासी नहीं बचा काम करने के लिए, न खेतों में, न घर में!"

खेतों में हल, खलिहानों में फसलें, घरों में मैले कपड़े और जूठन, सब यूँ ही पड़े थे··!

बंदगाँव का चर्च, जो प्रेयर में खचाखच भरा रहता था, अब खाली-खाली था··!!

यहाँ का थाना—

जो हँड़िया पीकर मारपीट करके आनेवाले आदिवासियों से हमेशा भरा रहता··वहाँ अब केवल मच्छरों, मक्खियों का राज था!!!

जमींदार,

पादरी,

दारोगा।

ये सब पहली बार अकाल देख रहे थे—

आदिवासियों का अकाल!!

सरकारी विश्रामगृह में,

जमींदार, फादर लिस्टी, दारोगा···कैप्टन मेयर्स और डॉ. रोजर्स के सामने!

एक ही थैली के चट्टे-बट्टों की आवाज भी एक!

आरजू भी एक!!

"साहब, हम तीनों का एक ही प्रॉब्लम है—भगवान्!"

"कौन भगवान्?"

"बिरसा मुंडा।"

"एक आदिवासी है, जो अपने आप को भगवान् बोलता है!"

कैप्टन मेयर्स को हँसी आ गई!

"पागल है! लोग उसे पत्थर नहीं मारते?"

"नहीं सर, आदिवासी तो उसे भगवान् मानने भी लगे हैं।"

"उसने ऐसा क्या किया?"

"वह बीमारों का इलाज करता है! भूत-प्रेत को नहीं मानता···बोलता है, हफ्ते में एक दिन छुट्टी करो···पूजा करो!"

"यह तो वही कह रहा है, जो चर्च में सिखाया जाता है! इसमें आपको

क्या प्रॉब्लम है ?"

कैप्टन मेयर्स को आश्चर्य!

प्रॉब्लम यह है कि वह खुद भगवान् बन गया··· !!

फादर लिस्टी के जवाब पर डॉक्टर रोजर्स मुसकराया!

"अरे, बन गया तो बन गया! जिस तरह लोग डॉक्टर, इंजीनियर बनते हैं, उसी तरह वह भगवान् बन गया तो बनने दीजिए!"

"नहीं सर, यही तो प्रॉब्लम है! उसके कहने पर अब कोई काम पर नहीं आता! खेत, खलिहान, चर्च सब खाली पड़े हैं!"

"उसके कहने पर आदिवासी हम लोगों को मारने भी आ सकते हैं।"

"लॉ एंड ऑर्डर की सिचुएशन बहुत खराब हो सकती है। वे सरकारी लगान भी नहीं दे रहे हैं!"

जमींदार जगमोहन, फादर लिस्टी और दारोगा तीनों ने बारी-बारी आग में फूँक मारी—फिर एक साथ

"सर, उसे फौरन गिरफ्तार कर लीजिए।"

"उसपर चार्ज क्या लगाएँगे ?" डॉक्टर रोजर्स ने पूछा।

"..."

"ये आदिवासी जब पैदा होते हैं तो उनको तीर पकड़ा दिया जाता है! ये चलते भी हैं तो तीर-कमान लेकर! हिंसा उनके जीवन का एक अंग है लेकिन अब उन्होंने सब छोड़ दिया! हजारों साल का पुराना मैल···जो कुछ दिन में साफ कर दे वह आदमी मामूली नहीं हो सकता!"

मेयर्स ने डॉक्टर को घूरकर देखा···

"तो क्या बिरसा भगवान् है ?"

"ऐसे सवालों का सही जवाब···समय देता है"

"बकवास है! डॉक्टर, तुम एक काम करो, उसे पागल घोषित कर दो!"

"जबकि पागलपन तो आप लोग कर रहे हैं···"

"शटअप!"

मेयर्स चीख पड़ा···

डॉक्टर चुप

पत्थर खुश!

"मैं बिरसा को यहाँ देखना चाहता हूँ, यहाँ!"

कैप्टन मेयर्स पाँव पटककर उठ खड़ा हुआ!

इनसान के जमीर पर जब धूल जम जाती है तो वह अकसर उबल जाता है।

डॉ. रोजर्स कैप्टन मेयर्स के बारे में सोचता ही रह गया।

यह इनसान है या सलीब?

घनघोर बारिश

बादल टूटकर बरस रहा था।

सारे लोग—बाँस के छाते में···छज्जे में···देख रहे थे···एक अलौकिक दृश्य!

बिरसा—अकेला बारिश में नहा रहा था!

सूखी माटी—जैसे तृप्त हो रही थी!

परमी—सबसे अधिक खुश थी,

उसे आज फिर

भगवान्-इनसान लग रहा था!

करमी भी दबे होंठ मुसकराए जा रही थी।

वह बचपन से ही बिरसा को डाँटती आई थी, क्योंकि उसे बार-बार नहाने की आदत थी।

न जाने किस माटी का बना हुआ है?

वह सोचती···

साहब-साहब, एक टोपी। यह बिरसा का अंकगणित था! उसी तरह माटी-माटी भी···सबकी एक जैसी!

लेकिन इसकी माटी में तो जैसे

समुद्र की प्यास पिरो दी गई हो!

करमी अब कैसे डाँटे?

अब तो वह भगवान् हो गया था!!

गाँव के अंदर

कदम रखते ही दोनों सिपाहियों ने अजीब दृश्य देखा···

भगवान् तमाशा···और इनसान तमाशाई!

हर दौर में इनसान तमाशाई होकर ही क्यों रह जाता है? ये दोनों सिपाही दबे पाँव आगे बढ़ते गए···!

खूँखार आदमखोर जानवरों के शरीर से एक खास तरह की दुर्गंध उबलती है, जिससे फौरन लोग उनकी उपस्थिति का आभास कर लेते हैं! इनको सबसे पहले पाहन मुंडा ने देखा और नगाड़ा बजाना चाहा तो धानी मुंडा ने सख्ती से रोका।

"यह नगाड़ा अब धरतीअबा के लिए बजता है! यह अब भूत-प्रेत के लिए नहीं बजेगा!"

"हाँ, नहीं बजेगा" पाहन की छाती भी तन गई।

···अब तक सारे लोगों ने सिपाहियों को देख लिया था!

और दोनों सिपाही आश्चर्यचकित! पहले तो इनको देखते ही पूरा गाँव दहशत से खाली हो जाया करता था। आज तो नगाड़ा भी नहीं बजा! क्या अब ये विपत्तियों में शुमार नहीं होते?

ये तो वही हैं!

गाँववाले भी वही हैं!!

फिर क्या हुआ?

बिरसा ने इन सबको आत्महीनता के कुएँ से

हाथ पकड़-पकड़कर बाहर खींचा

और सीधा खड़ा कर दिया···! इसलिए विपत्तियों का कद इनके आगे बहुत छोटा हो गया था! दोनों सिपाही सहम गए—डर गए, लेकिन ड्यूटी तो करनी थी, आगे बढ़े

और

भागते शब्दों को पकड़-पकड़कर जोड़-जोड़कर एक ने कहा—"बिरसा, हम तुमको गिरफ्तार करने आए हैं!"

बिरसा ने नहाते-नहाते एक नजर इनको देखा और डोंका मुंडा को इशारा किया।

उसने आगे बढ़कर बाँस का छाता सिपाहियों को थमा दिया, जो अब तक भीग रहे थे—काँप रहे थे!

पत्थर फेंके और फल आए—ऐसा सलूक
फलदार वृक्ष ही करता है!

"जाओ—उस घर में—खाना आ जाएगा—खाकर आराम करो! सुबह जब वर्षा रुक जाए तब जाना, वरना बीमार पड़ जाओगे!" डोंका मुंडा सिपाहियों को नए बने झोंपड़े की ओर ले गया! बिरसा अब भी नहा रहा था! जमीन, जंगल, पहाड़ भीग रहे थे···!!

ये दोनों सिपाही···चुनकर भेजे गए थे!

बदन की मिट्टी में नहीं, वर्दी में जीने, उठने, बैठनेवाले!

जुबान से ज्यादा दुम हिलानेवाले!!

नमक-भात खा लेने के बाद अब नमक हरामी में जुटे थे।

"तुम जाओ और सबको सुबह तक यहाँ ले आओ"

"ठीक है!"

अंधों में ज्यादा तर्क नहीं होता···!!

एक टॉर्च लेकर बाहर निकला!

गया मुंडा ने उस पर कुल्हाड़ी फेंकनी चाही—धानी मुंडा न रोका!

"धरतीअबा ने कहा है, जानवर भी मत मारो···" वह रुक गया!

रात···बेदाग रह गई

उसके दामन पर खून के छींटे नहीं पड़े!

लेकिन

दिन···दागदार निकला!!

वही सिपाही चालीस-पचास चौकीदारों के साथ लौटा। उनके साथ हरमू मुंडा भी था।

सबके सब···हाथों में हथियार उठाए!

डर जितना गहरा···हथियार उतना ही ऊँचा!

रात-जिस सिपाही की आवाज नहीं खुल रही थी—अब वह चिल्ला पड़ा—

"बिरसा!"

सारे झोंपड़ों से आदिवासी निकलने लगे और उनको घेरकर दीवार की तरह खड़े हो गए! अब खड़ाऊँ की आवाज सुनाई दी···

बिरसा झोंपड़े से निकला।

वह मुसकरा रहा था!

उसकी मुसकराहट जाड़े की धूप की तरह चंपई, रेशमी! परमी सोचती गई—'काश···एक बार सिर्फ मेरे लिए ऐसे मुसकरा देते तो कितना अच्छा लगता!'

साली की नजर खड़ाऊँ पर···

जो गीली माटी में धँस-धँस जा रही थी! बिरसा उनके करीब जाकर रुक गया और धीरे से अपना हाथ पीछे किया! एक अनजाने डर ने उनको काट

खाया और वे सहमकर पीछे हटे!

जब बिरसा हाथ आगे लाया तो उसमें बाँसुरी थी!!

परमी की हँसी छूट गई…!

"बोलो, तुम्हारी सरकार मुझे क्यों पकड़ना चाहती है?"

"उनको यह अच्छा नहीं लगा कि तुम भगवान् बन गए हो!"

पलुस प्रचारक ने जवाब दिया था। वह आदिवासी था…बिरसा मुसकराया—

"तुम मुझे क्या समझते हो?"

"तुम भगवान् नहीं हो!"

"ये दोनों रात में आए थे—अगर भगवान् होता तो वह उनके साथ क्या करता?"

"भगवान् तो दयालु होता है—वह दया करता!"

"मैंने वही किया इनके साथ!"

पलुस चुप हो गया!

"और अब भी वही करूँगा! (पलटकर अपने आदमियों से) दोनों को आदर के साथ गाँव के बाहर तक पहुँचा दो!" भीड़ ने दोनों सिपाहियों को खाट पर बिठाकर काँधे पर उठा लिया! अब चार-पाँच सौ आदिवासियों की बारात इनको लेकर हो-हल्ला करती हुई चली! गया मुंडा, सनरी, सुखराम और नरसिंह सबसे अधिक जोश में थे।

"मुंडा राज शुरू, सरकारी राज खत्म!"

यह कहते हुए चारों ने पहले तो खाट को हवा में कई बार झुलाया, फिर उसे घूरा नदी में फेंक दिया।

छपाक्!!!

गुस्से में···

मेयर्स दनदनाता ऑफिस जा रहा था! कई लोगों ने सलाम किया, मगर वह रुका नहीं!

जब अंदर आग लगी हो तो उड़ती राख की कौन परवाह करता है? ऑफिस के अंदर फादर और जगमोहन इंतजार में ही थे कि यह आए तो शब्दों के कटोरों से भर-भर के घी डालें!

"हम कहते थे न, वह हम लोगों के लिए बहुत खतरनाक हो सकता है!"

"दोनों पुलिसवालों का यही बयान है कि आदिवासी उसे बहुत चाहते हैं!"

"सर, भगवान् होने से यही प्रॉब्लम होती है।" जगमोहन और फादर लिस्टी ने बारी-बारी घी डाला। मेयर्स शोले की तरह भड़का···

"अगर उसके आदमी उसको भगवान् समझना बंद कर दें तो सारी प्रॉब्लम ही खत्म हो जाए, क्यों?!!"

"जी बिल्कुल!" दोनों।

"मैं यह साबित कर दूँगा कि वह भगवान् नहीं है। वह एक मामूली आदमी है। यह फाइल कमिश्नर साहब को राँची भिजवा दो।"

झरना···

इसके गिरते हुए पानी को दूर से देखें तो

पहाड़ी शहजादियाँ

सफेद साड़ी धूप में सुखाती–हुई सी लगें!!

कमिश्नर स्ट्रीटफिल्ड की धर्मपत्नी···मरियम! कुछ ही दिन पहले वह लंदन से आई थी! आज यहाँ ये पिकनिक मनाने आए थे। साथ में बसंती भी थी।

मरियम ने करीब जाकर पानी को छुआ तो ठंडा!

रहा नहीं गया···नहाने लगी···

"आओ···तुम भी आओ!" उसने बसंती को बुलाया।

वह भी नहाने लगी!

रंगीन छाते की छाँव में···स्ट्रीटफिल्ड

इस नजारे से दूर···फाइल पढ़ने में गुम था!

छाते के रंग जो भी हों···

जैसे भी हों

छाँव—हमेशा एक जैसी होती है···!

मरियम···छाते के रंगों की तरह

सुंदर···शोख···सतरंगी···

स्ट्रीटफिल्ड—छाँव की तरह···एकरंगी!

मरियम ने शर्ट उतार दी—बनियान रह गई।

अब पानी की बूँदें ज्यादा गुदगुदाने लगीं

मरियम का मखमली सौंदर्य और खिल उठा—"तुम भी कपड़े उतार दो" उसने बसंती से कहा···बसंती के बदन पर सिर्फ चादर थी, वह उसने उतार दी···मरियम उसे देखती रह गई···!

सोचा—यह माँ बनेगी···तो इसके बच्चे का पेट भरा रहेगा। फिर खयाल आया—स्ट्रीटफिल्ड का···जो फाइल में गुम था। फिर खयाल आया—दुनिया का···मॉडर्न सोसायटी का और हँसी आ गई···और हँसती हुई आकर स्ट्रीटफिल्ड के पास बैठ गई!

"बहुत ज्यादा बैकवर्ड होने और बहुत ज्यादा फॉरवर्ड होने में ज्यादा फर्क नहीं है···!"

"मैंने नहाते वक्त शर्ट उतार दी थी—बसंती से कहा, कपड़े उतार दो तो उसने चादर हटा दी···अंदर कुछ था ही नहीं···फिर भी उसके चेहरे पर कोई फर्क नहीं पड़ा! वहाँ ऐसी ही मासूमियत थी जैसे पालने के बच्चों में होती है···!"

"ये आदिवासी होते ही ऐसे हैं···घास की तरह···इनको काटो-छाँटो, पाँव से रौंदो, फिर भी इनको कोई फर्क नहीं पड़ता···!"

मरियम को यह अंदाज अच्छा नहीं लगा!

जिंदगी

फूलों का हार गूँथने बैठी थी

अचानक···काँटे चुभ गए!

मरियम का स्वर कुछ तेज हो गया—"आखिर हम जिंदगी को सहज होकर-खुलकर ईमानदारी से क्यों नहीं जीते? जिंदगी कोई विदेशी भाषा है क्या, जिसके उच्चारण में हम हमेशा गलती कर जाते हैं? अच्छा बताओ, क्या पढ़ रहे थे?"

"आदिवासियों में एक भगवान् पैदा हो गया है। यह उसकी फाइल है!"

"क्या कहता है वह?"

"इसे पढ़ लो, अगर चाहोगी तो बहुत जल्द उससे मिला भी दूँगा, फिर खुद सुन लेना, क्या कहता है वह।"

आधा चाँद···आधी रात

दाग-दाग···उजाले

जागी-जागी···करमी

नींद जैसे गिरवी पड़ी हो···

अब उसने जागती आँखों से ही सपना देखने की आदत बना डाली थी···

वह जिसका सपना देख रही थी···अचानक वही आ गया।

"बिरसा"

"माँ···आज मैं तुम्हारे पास सोऊँगा!"

उसके हजार हाथ भी होते, तो वह तुरंत फैला देती!

"आ जा···आ जा···!"

बिरसा पास ही लेट गया!

बिरसा को करमी चाँदवाली बुढ़िया लग रही थी, जो झुककर धरती से पता नहीं क्या-क्या कहती रहती है!

"तू तो भगवान् है न, बता मैं क्या करूँ जो तुम्हें कुछ नहीं हो?"

"माँ! मुझे कुछ नहीं होगा!"

"नहीं बता···वरना जोर से दूँगी!" करमी हाथ उठा लेती है!

माँ की मार से हड्डी नहीं टूटती···

यह सच···इतना खुला है

कि बच्चे भी···मार खाने से पहले मुसकरा पड़ते हैं !!

बिरसा मुसकरा पड़ा···!!

करमी हँस पड़ी!!!

"अच्छा बता, आज माँ कैसे याद आ गई?"

"तेरे पास एक रात भी सो जाऊँ न···तो सौ दिन की नींद पूरी हो जाती है!!"

"सो जा···! सो जा···!"

उसने बिरसा पर बाँहों की छाँव कर दी!

इनसान बुराई पर उतरे तो शैतान भी शर्मिंदा होकर उसके तलवे चाटने लगे···

और एक नजारा यह भी था···

कि इनसान की बाँहों में भगवान् सो रहा था!

लेकिन करमी की आँखों में नींद कहाँ?

अचानक जैसे धरती काँप उठी!

कैप्टन मेयर्स ने दो सौ बंदूकधारियों के साथ बिरसा को घेर लिया!

बिरसा ने आँखें खोलीं!

सामने दर्जनों बंदूकें···उनके पीछे हिंसक चेहरे···

भयग्रस्त इसलिए भयानक!

"खबरदार! भागने की कोशिश मत करना!"

मेयर्स की धमकी और बिरसा की जटिल मुसकराहट—

"हम शहरों से भागे तो बस्तियों में आए—बस्तियों से भागे तो जंगलों में आए, अब यहाँ से कहाँ भागें? अब तो आगे ही बढ़ना है···!"

ऐसी क्रूर विवशता···वह कोखभरी माँ है।

जिसने एक नहीं

कई गदर···कई इनकलाब जन्म दिए हैं।

जिन्हें इतिहास की 'आया माँ' अपनी छाती पर सुलाती है···! करमी इतनी डर गई थी कि अगर छाती में दूध भी होता तो सूख जाता!

लेकिन जो उसके दूध का पला था···बिरसा—वह नहीं डरा।

वह आगे जा रहा था…

कैप्टन मेयर्स और बिरसा की नजरें मिलीं…!

एक तरफ सिरफिरी हवाएँ, तो दूसरी तरफ…आत्मविश्वास की पहाड़ियों के सिलसिले। इस दौरान इनके चारों ओर सैकड़ों आदिवासियों की दीवार कब खड़ी हो गई…उनको पता ही नहीं चला! यह भी माटी की दीवार थी…

मगर बारिश में गिरनेवाली नहीं

बल्कि

पानी पीकर और ठोस हो जानेवाली!! धानी मुंडा आगे आया—

"धरतीअबा ने क्या गलत किया है…जो उनको गिरफ्तार करने आ गए!"

"इसके कहने पर तुम लोग लगान क्यों नहीं देते?"

"बारिश हो, फसल हो तो लगान दें…अकाल पड़ा है, लाशें भेज दें…!"

मेयर्स को जवाब नहीं सूझा, इसलिए उसने पैंतरा बदला—

"सुना है, तुम सरकार से लड़ने के लिए हथियार बाँट रहे हो।"

"मैं तो चाहता हूँ, दुनिया में जितने भी हथियार हैं, उनको पिघलाकर उनसे हल बना दूँ, ताकि हर तरफ फसल उगे, बाँसुरी बजे।"

इस बार जमींदार ने खुद पीछे रहकर शब्दों के प्यादों को आगे बढ़ाया।

"आजकल तुम सपना बहुत देखने लगे हो।"

"देखता भी हूँ और बाँटता भी हूँ।"

"ये लोग काम पर क्यों नहीं जाते?"

"हमने सपनों के साथ-साथ भूख भी आपस में बाँट ली है।"

"यह तुम बहुत गलत कर रहे हो।"

दारोगा ने मूँछों पर उँगलियाँ फेरते हुए कहा।

"इसमें गलत क्या है? ये काम पर नहीं जाते…लेकिन तुमसे भीख तो नहीं माँगते! चोरी तो नहीं करते? तुमको गालियाँ तो नहीं बकते? तुमसे मारपीट तो नहीं करते…फिर गलत क्या है?"

"लेकिन इस तरह तो भूखे मर जाएँगे" इस बार फादर लिस्टी ने कहा

"मर जाएँगे तो मरने दो···"

"लेकिन हम तो चाहते हैं कि जिंदा रहें!"

"जिंदा हैं···ताकि तुम लोग अपनी रोटियाँ इनके पसीने और खून में डुबा-डुबाकर खा सको! अभी सूखी रोटी खाने में मजा नहीं आ रहा··· क्यों?"

"बिरसा, धीरे से बोलो!"

"जब अंदर चीखें दबी हों तो आदमी धीरे बात नहीं कर सकता! हम लड़ेंगे नहीं, मगर झुकेंगे भी नहीं!"

"नहीं झुकोगे तो···!"

"तो क्या? बोलो तो क्या? मार दोगे? मार दो। याद रखना! हम मर-मर के नहीं थकेंगे, लेकिन तुम मार-मार के थक जाओगे। फिर उस दिन तुमको हमारा हक देना होगा!"

सैकड़ों तीर हवा में उठे···और सारे तीर जैसे मेयर्स को छू गए!

मेयर्स चीखने लगा।

"वह दिन कभी नहीं आएगा···कभी नहीं! पहनाओ इसे हथकड़ी! ले चलो थाने···!"

बिरसा मुसकराया···

जिंदगी ज्यादा-से-ज्यादा क्या देगी···यह मालूम नहीं रहता है, लेकिन मौत ज्यादा-से-ज्यादा क्या देगी, यह मालूम रहता है! बिरसा ने दोनों हाथ आगे बढ़ा दिए।

जालिम आज मुंसिफ थे और बाँसुरी बजानेवाले हाथ···मुजरिम

दारोगा हथकड़ी लेकर आगे बढ़ा तो परमी सिसक पड़ी···दारोगा बिरसा के हाथों में हथकड़ी पहना पाता इससे पहले ही···साली उँचे पेड़ से कूदी··· और धान काटने का हँसुआ उसने दारोगा की गरदन पर रख दिया!

"अगर तू जरा भी आगे बढ़ा तो मैं तेरी मुंडी काट डालूँगी!"

कैप्टन मेयर्स चिल्लाया—

"ऐ, हँसुआ हटा वरना गोली मार दूँगा!"

साली भी चिल्लाई!

"कितनों को मारेगा, कितनों को? देख, चारों तरफ देख!"

चारों तरफ हरेक ने तीर-कमान उठा लिये थे।

"भगवान् के लिए ये सब मरने को तैयार हैं···अब तू बता, इनमें से कितने आदमी तेरे लिए मरने को तैयार हैं!"

कई काँप गए! एक-दूसरे को देखने लगे···

बिरसा ने साली को देखा!

"साली···! मैंने मना किया था कि अब खून कोई नहीं बहाएगा!"

"..."

"मुझे जाने दो!"

"नहीं! हम आपको नहीं जाने देंगे···"

"साली, मैं खुद जाना चाहता हूँ! मैं चाहता हूँ कि जंगल से बाहर भी दुनिया को बताऊँ कि हम काले लोगों की धरती इतनी लाल क्यों है? मुझे इनसाफ माँगने बाहर जाना ही होगा। मुझे जाने दो···जाने दो!"

साली ने हँसुआ, औरों ने तीर-कमान झुका लिये।

करमी ने पसीजती आँखों से बिरसा को देखा···

"तू बचपन से ही ऐसा है। मैं जानती थी, तू फूल भर हँसाएगा तो खेत भर रुलाएगा।"

उसकी आँखें जल थल हो गईं!

बिरसा वापस मुड़कर जाने लगा तो परमी दौड़ती हुई सामने आ गई। उसकी नजरें बिरसा के हाथ और हथकड़ी पर थीं! आँसू की बूँदें गले मिल-मिलकर आने लगीं।

"परमी! अब मैं पहले से भी अच्छी बाँसुरी बजाऊँगा···सच्ची!"

बिरसा ने पलकों से परमी को थपकियाँ दीं!

तितली खुश हो गई···
होंठों पर मुसकान की धूप और आँखों से बूँदाबूँदी!
चेहरे का यह बँटवारा,
खुशबू बिखरा गया!

अब बिरसा
पुलिसवालों के साथ जा रहा था···
उसके पीछे-पीछे···हजारों की भीड़,
भारी मन, भारी आँखें, भारी पाँव से चल रही थी!
सबसे आगे—दर्द का अदृश्य मुकुट पहने साली चल रही थी!!

हँसुआ अब तक उसके हाथ में था···भीड़ ने भी तीर-कमान थाम रखा था! इसलिए किसी भी साँप-बिच्छू के मन में बिरसा के साथ बदतमीजी करने का विचार तक नहीं आया!

काफिला जब घूरा नदी के करीब पहुँचा तो बिरसा ने पलटकर इनसे कहा—

"अब तुम लोग जाओ—मेरी चिंता मत करो, जाओ···
ये मुझे पकड़कर रख नहीं सकेंगे, मैं आऊँगा···
ये मार भी देंगे, फिर भी आऊँगा—जरूर आऊँगा।"

बिरसा के चेहरे पर जंगल, पहाड़, बस्ती उग आए थे। फिर उसने खड़ाऊँ से पाँव बाहर निकाला और नदी में घुस गया। पानी से उसके पाँव ऊपर उठ रहे थे ···गिर रहे थे ···छप! छप!! छप!!!

सबकी आँखों में सैलाब आ गया, लेकिन साली—

सैलाब को रोककर किनारे की तरफ दौड़ी, जहाँ खड़ाऊँ थी। हँसुआ फेंककर उसने खड़ाऊँ को उठाने के लिए हाथ बढ़ाया···मेला जाते शरारती बच्चों की तरह उसके आँसुओं ने आगे बढ़कर खड़ाऊँ को पहले ही छू लिया, फिर हाथ आए! जब खड़ाऊँ ऊपर आई तो आँखों में सैलाब आ चुका था···

वह उसे ठीक से देख भी नहीं पा रही थी। सब बच्चों की तरह रो पड़े।

बिरसा की यह शिकायत कि ये लोग रोते भी नहीं···दूर हो गई।

आज उन्होंने रोना सीख लिया था!

रोना—

जो क्रांति के रास्ते पर उठा हुआ पहला कदम होता है···

वह कदम उन्होंने उठा लिया था।

बिरसा ने नदी के उस पार से इनको देखा।

ये अब भी रो रहे थे···

"तुम लोग मेरी चिंता मत करो···तुम लोग यह समझना कि मैं जा नहीं रहा हूँ···मैं तुम लोगों में हूँ, मैं तुम लोगों में ही रहूँगा!"

यह कहकर बिरसा ने अपनी बाँसुरी कमर से निकाली और उसे उनकी तरफ जोर से फेंक दिया और मुड़कर वापस चल पड़ा!

बाँसुरी···

घूरा नदी के बहते पानी पर गिरी···

इससे पहले कि कोई कुछ सोचे,

करे,

कोई दीवानावार,

पानी में छप-छप करता बाँसुरी की ओर दौड़ा···

और बाँसुरी को उठा लिया···

वह परमी थी···!

साली के हाथ में खड़ाऊँ थी,

बिरसा के सफर का गवाह! परमी के हाथ में बाँसुरी थी

बिरसा के संगीत की राजदार!!

खूँटी थाना!

भगवान्···एक बार फिर

सवालों के कठघरे में

इनसानों की अदालत में खड़ा था···!!

न आज बाँसुरी बज रही थी···

न पाँव में खड़ाऊँ थी···

बिरसा के पास का संगीत सूना था।

लेकिन···दूर का श्रापित शोर बढ़ गया था···!!! मेयर्स, दारोगा, फादर लिस्टी, जमींदार जगमोहन···सभी के चेहरे खिले-खिले।

सबके मन में लड्डू फूट रहे थे और लड्डू बाँटे भी जा रहे थे! अचानक मेयर्स उठा और बिरसा के पास आया···अहंकार के नाग को डस लेने के बाद भी शांति नहीं मिलती!

"बिरसा···यह तुम्हारा जंगल नहीं···तुम अब हमारे कब्जे में हो···अब मैं चाहूँ तो तुम्हारे साथ कुछ भी कर सकता हूँ!"

"तुम जो कुछ भी करोगे, नया नहीं करोगे···!" बिरसा की मुसकराहट अब भी आजाद थी···बेदाग थी!

"मैं तुम्हें फाँसी पर चढ़ा सकता हूँ!"

"यह कौन सी नई बात होगी···! जबसे यह दुनिया बनी है, आज तक लाखों-करोड़ों गरीबों को फाँसी दी जा चुकी होगी···लेकिन आज तक एक बार भी किसी माई के लाल में इतनी हिम्मत नहीं हुई कि वह गरीबी को फाँसी दे सके! है ताकत तो दे दो गरीबी को फाँसी···अमर हो जाओगे—वरना···"

"वरना क्या?"

"गरीब तो मरेगा नहीं, तुम मर जाओगे"

"यू···"

"डिप्टी कमिश्नर साहब आए हैं!"

यह सुनते ही कैप्टन मेयर्स भागा···वह शटअप भी बोल नहीं पाया···!

अंतिम शब्द बोलना···जुल्म का नसीब भी नहीं ···!

अंतिम शब्द हमेशा सच्चाई बोलती है!!

डिप्टी कमिश्नर स्ट्रीटफिल्ड और मरियम!

थाने के अंदर आते ही

खटाखट एड़ियाँ बजीं,

दनादन हाथ सलाम को उठे

फिर शुरू हुआ शब्दों का नापाक मुजरा···

"वेलडन कैप्टन मेयर्स···वेलडन!"

"थैंक्यू सर···!"

"ये है मरियम, मेरी वाइफ···मैं बंदूक चलाता हूँ। ये कलम चलाती हैं··· इनको 'भगवान्' से मिलना है···!"

"हाँ सर, क्यों नहीं··· ?"

बिरसा, सलाखों की तरफ पीठ किए

खिड़की से उस पार कहीं देख रहा था···

मरियम के पीछे-पीछे मेयर्स भी आया—मगर आवाज आगे-आगे, "ये डिप्टी कमिश्नर साहब की···"

"मैं मरियम हूँ!"

मेयर्स को मरियम का ये अंदाज अच्छा नहीं लगा···उसके लिए 'मैडम' मरियम से अधिक सम्मानजनक संबोधन था!

जो दिमाग पर भी वर्दी ओढ़ लेते हैं···वे ऐसे ही होते हैं!

मेयर्स चला गया···

मरियम ने बिरसा को पढ़ने की तरह देखा···

सच को कलंकित तो किया जा सकता है

मगर···

लज्जित नहीं किया जा सकता! करीब आकर उसने बिरसा की आँखों में झाँका तो वहाँ अपने लिए नफरत भी देखी!

हाँ! बिरसा को नफरत थी—टिड्डियों के झुंड से···जिनके कारण खेतों पर फसलों के जिस्म तो रह जाते हैं···लेकिन रूहें निकल जाती हैं···!

वह भी तो टिड्डी झुंड की एक मेंबर थी···।

बिरसा की नफरत···स्वाभाविक है—यह सोचती हुई मरियम आगे बढ़ी।

"बिरसा! मैंने तुम्हारी पूरी फाइल पढ़ी···मैं तुम लोगों को इनसाफ दिलाना चाहती हूँ।"

बिरसा ने अपनी आँखें उसकी आँखों में गाड़ दीं!

"आप क्या अपने आप को इनसाफ दिला पाई हैं··· ?" मरियम ने अपने आप को खँगाला···और कहा—"नहीं!"

"नहीं, तो फिर दूसरों को क्या इनसाफ दिला पाएँगी ?" बिरसा दूर जाने लगा! मरियम आगे बढ़ी!

"बिरसा, क्या तुम अपने साथ इनसाफ कर पाए हो ?" बिरसा पलटा और उसने सवाल के जवाब में सवाल ही उछाला—

"बताइए मैं कौन हूँ ?"

"एक इनसान।"

"नहीं! मैं हजारों साल पुराना एक जख्म हूँ और जख्मों के साथ इनसाफ नहीं किया जाता। उसे मिटा दिया जाता है! मैंने भी अपने आप को मिटा दिया है!" प्रदूषित सवाल को अकसर लज्जित होना पड़ता है!

"सॉरी बिरसा, सॉरी···"

बिरसा दूर जाने लगा···!

"बिरसा! मुझे भी तुम्हारी तरह जंगल से बहुत प्यार है! मैं इसके लिए बहुत कुछ करना चाहती हूँ!"

"जंगल तो बहुत बड़ा है···अगर आपने इसके एक पौधे का भी भला कर दिया तो मैं आपको क्षमा कर दूँगा!"

खून, खून···शाम!

थाने से बाहर सिर्फ कुछ आदिवासी,

बलात्कार का शिकार हुई

किसी युवती के फटे कपड़े के टुकड़ों की तरह

उदास···

मायूस···

इधर-उधर बिखरे हुए

"बिरसा की गिरफ्तारी से हंगामा हो जाएगा! कहाँ हुआ हंगामा?" मेयर्स गुर्राया!

जमींदार जगमोहन, फादर लिस्टी, दारोगा···तीनों चुप···!

अचानक मैदान के उस पार धूल उड़ी···

इनके होश उड़े

···हजारों की संख्या में आदिवासी आते दिखाई दिए!

सिर झुकाए···खामोश

इनके पीछे धँसता हुआ लाल सूरज!

"इनके हाथ में हथियार तो नहीं है?" मेयर्स की गुर्राहट मेमने की आवाज में बदल गई।

"नहीं!"

"ये कुछ बोल भी नहीं पा रहे हैं!"

"नहीं! यह जात ही ऐसी है···इन्होंने एक बार जो सोच लिया सो सोच लिया···! अभी आप इन पर गोली भी चलाएँगे, फिर भी ये चुपचाप बढ़ते ही

रहेंगे!"

फादर लिस्टी ने कहा!

"सर, मुझे यह सब देखकर डर लग रहा है!"

जगमोहन सबसे अधिक डरा हुआ था, जो अपना डर छिपा नहीं सका!

भीड़ करीब आती जा रही थी···!

"बिरसा का भगवान् होना ही सबसे बड़ी प्रॉब्लम है, वरना ये लोग उसके पीछे इतने पागल नहीं होते!"

भनभनाते हुए मेयर्स बाहर निकला और चिल्लाया···

"तुम लोग जिसके लिए इतने परेशान हो रहे हो, वह भगवान् नहीं है! सुना तुम लोगों ने, वह भगवान् नहीं है!"

भीड़ आगे बढ़ती रही···

कैप्टन मेयर्स और भी जोर से चिल्लाया,

"वह अपने आप को भी बचा नहीं पाया तो तुम लोगों को क्या बचाएगा?"

भीड़ आगे बढ़ती रही···

"उसने तुम लोगों को बहकाया है···वह एक चालाक आदमी है··· भगवान् नहीं है!"

भीड़ आगे बढ़ती रही···

"क्या चाहते हो तुम लोग? बताओ क्या चाहते हो?"

"हमें भी धरतीअबा के साथ गिरफ्तार कर लो! हम धरतीअबा के साथ ही रहेंगे, हमें भी गिरफ्तार कर लो।"

हजारों हाथ आसमान की तरफ उठे···खाली और खुले हुए इन खाली हाथों में हथियारों की फसलें भी उग सकती थीं···लेकिन धरतीअबा ने मना किया था!

उनकी फरियाद जारी थी···

हमें भी गिरफ्तार कर लो

"नहीं, ऐसा नहीं हो सकता···जाओ तुम लोग, गेटआउट"

एक बार आँसू आँखों से 'गेटआउट' हो जाता है तो वापस कहाँ लौटता है···

ये भी आँसू की बूँदों की तरह थे···

वापस कैसे लौटते?

भीड़ फिर आगे बढ़ने लगी···! कहीं ये सैलाब थाने को रौंद न डाले!

जगमोहन और पादरी चीखने लगे

"उनको रोकिए सर···रोकिए···"

मेयर्स ने हुक्म दिया

"हटाओ पीछे इनको!" दनादन कई घुड़सवार आ गए!

कई पैदल!!

और भीड़ पर चाबुक-बंदूक के कुंदे बेदर्दी से बरसने लगे···

मार खा-खाकर वे गिरते रहे और कहते रहे

"हमें भी धरतीअबा के साथ गिरफ्तार कर लो···"

वे गिरकर भी बार-बार अपने हाथ गिरफ्तारी के लिए उठाते और बार-बार मारकर नीचे गिराए जाते···!

हर हाथ···सलीब था!

हर आवाज···पैगंबर!!

रात हो चुकी थी···

पूरा मैदान कराहते, सिसकते, जख्मी आदिवासियों और उनके खून से पट गया था···

अब युद्धविराम हो चुका था!

दारोगा घोड़े से उतरकर मूँछों पर ताव देने लगा!

जख्मी गया मुंडा जमीन से उठा,

दौड़ा

और उसने दारोगा की मूँछ पकड़कर नोच ली!

चीख!

मूँछ उखड़ गई···जैसे पाँव उखड़ गया।

मेयर्स चिल्लाया

"अभी रात में ही बिरसा को फौरन राँची ले चलो।"

जमींदार जगमोहन की हवेली में···

मौज-मस्ती ···

जश्न का माहौल

खाने-पीने, नाचने-गाने का प्रोग्राम

आसपास की जनता जमीन पर बैठी हुई···

उत्सुक ठेकेदार पेट्रोमैक्स में हवा भरते हुए

साजिंदे···तबले और ढोलक का सुर मिलाते हुए,

दारोगा भी आया···मूँछ की जगह पट्टी लगाए

"जगमोहन बाबू···

सूखा-सूखी प्रोग्राम तो नहीं है?"

"कोई बाई जी तो हुई नहीं—फिर भी है···" सनरी को लड़की बनाकर नाचने के लिए लाया गया और धक्का देकर बीच में सबके सामने खड़ा कर दिया गया।

"नहीं! मैं नहीं नाचूँगा" सनरी ने हाथ जोड़े!

"नहीं नाचेगा तो चमड़ी छील दूँगा! चल नाच!"

"नाच स्साले, वरना खाल खींचकर भूसा भरवा दूँगा!" दारोगा भी गुर्राया

और सनरी को नाचना-गाना पड़ा···

और अँधेरे में खड़ी महुवा को रोना पड़ा

ये त्रासदी—

सिर्फ सनरी की नहीं—

पूरी आदिवासी जाति की थी···बिरसा के जेल जाते ही मनोरंजन के लिए इनका शोषण फिर से जायज करार पा गया!

यहाँ सबकी मांसाहारी कोशिश यही थी कि इस कौम की पहचान मिटा दें ताकि ये जिस तरह इनके इशारों पर सदियों से नाचते रहे हैं, आगे भी सदियों तक नाचते रहें! सनरी के नाच का सबको दोहरा मजा आ रहा था!

एक तो नाच का···दूसरा इंतकाम का!

नाच खत्म होते ही सनरी भागा और अंदर जाकर रोते-रोते अपने चेहरे का मेकअप मिटाने लगा···

वह सब मिट गया, लेकिन होंठों की लाली नहीं मिटी!

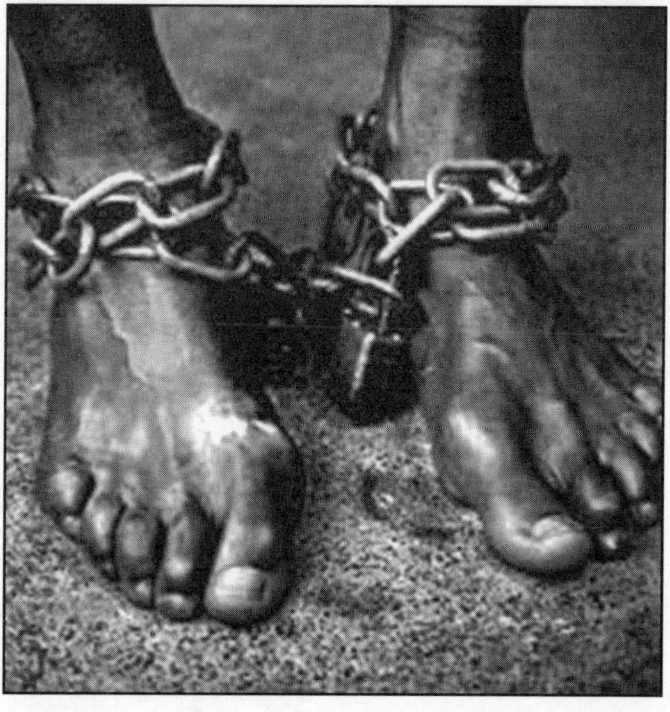

अदालत!

जज की आवाज गूँज रही थी!

"भोली-भाली आदिवासी जनता को सरकार के खिलाफ बहकाने और भड़काने के जुर्म में बिरसा मुंडा वल्द सुगाना मुंडा को पचास रुपए जुरमाना और दो साल की सजा-ए-बामुशक्कत दी जाती है!"

जज सजा सुनाकर चल दिया!

अपने हिस्से का संवाद बोलकर सभी एक दिन चले जाएँगे···लेकिन बिरसा कहाँ जाता?

वह तो रहने आया था···!

जेल!

पाँव में बेड़ियाँ डाली जा चुकीं तो बिरसा उठ खड़ा हुआ···! और चलना आरंभ किया···झन···झन···झन···

बिरसा को अच्छा लगा···

अंधे कानून के अंधे माहौल में यही एक आवाज सच्ची लगी! बिरसा दीवार तक जाकर वापस लौटा तो···मेयर्स!

"बेड़ियाँ कैसी हैं?"

"जैसी भी हैं, ये मुझे चलने से नहीं रोक पाएँगी!"

"इनको पहनकर चलने से घाव हो जाता है, फिर पाँव सड़ जाते हैं और उनको काटना पड़ता है!"

"पाँव कट गया तो क्या? हाथ के सहारे भी चलता रहूँगा!"

"अगर हाथ भी कट जाएँ तो''' ?"

"पीठ और पेट के बल पर खिसकते हुए आगे बढ़ा जा सकता है!"

अब मेयर्स खिसियाकर चीख पड़ा!

"अगर मैं तुम्हें जान से मार दूँ तो?"

इस बार बिरसा भी चीख पड़ा!

"लेकिन क्या मेरे सपनों को मार सकोगे'''बोलो! और न मुझे मार सकोगे, इसलिए कि बिरसा भी एक सपना है जिसे जीने के लिए शरीर नहीं, केवल आँखें चाहिए'''!"

जब शैतान को ताबूत में बंद करके आखिरी कील ठोंक दी जाती है तब वह फिर से बाहर आने का साहस नहीं जुटा पाता! मेयर्स चला गया!!

बिरसा की आँखें अब भी जल रही थीं'''और भीग भी रही थीं'''कहीं से!

जंगल!

बिरसा के बिना···

अगर आँखें खुरचकर बाहर निकाल दी जाएँ तो चेहरा कैसा लगेगा?

भयावह!

लेकिन भयग्रस्त कोई नहीं···सब दुःखी···बैठे थे! आँखें न हों तो सबसे बड़ा दुःख यह होता है कि आँसू बहाने का सुख चला जाता है!

ऊपर से अकाल!

बिरसा होता तो भूख भी खा लेते!

लेकिन अब?

इसके दुःखों का निवारण कौन करेगा?

सभी हालात के भँवर में डूबते जा रहे थे···

भँवर के गिरह कौन खोलेगा?

हालात···बहुत शक्तिशाली होते हैं और विवश भी

हालात···हड्डियाँ तोड़ सकते हैं, मगर हौसला नहीं!

कुछ करने का हौसला अब भी इनमें जिंदा था!

गया, डोंका, वीर सिंह, साली, सुखराम, नरसिंह और अन्य सभी बैठे थे···।

परमी द्वार से लगी थी!

सुखराम ने डोंका मुंडा से पूछा—

"तू बता न, अब क्या करें?"

डोंका मुंडा लाठी से धरती खुरच रहा था—

फसल नहीं उपजी तो जवाब कैसे उपजता ?
अब गया मुंडा ने धानी मुंडा से कहा—
"तू हम सबमें बूढ़ा है। तू बता न, हम क्या करें ?"
जब न खिड़की हो, न दरवाजा
तो क्यों न दीवार-दीवार ही चला जाए!

धानी मुंडा जोश में खड़ा हो गया—"पूछते हो, क्या करें ? तो सुनो—तुम लोग अपने आप को बेचो, जमीन है तो जमीन बेचो—नहीं तो चर्च या जमींदार के पास चले जाओ। वह आत्मा और और शरीर बंधक रखते हैं···रख देना! कुछ भी करो, कुछ भी···धरतीअबा के आने तक अपने को किसी तरह जिंदा रखो! सूरज देखना है तो रात काटनी ही पड़ेगी···समझे!"

दुःख और पीड़ा के थन से ही···
क्रांतिकारी विचारों की धार निकलती है!
साली भी खड़ी हो गई!
रात···
हम काटें
या रात
हमें काटती हुई गुजरे···
जो हो···सब तैयार हो गए!
स्वीकृति का कोलाहल···
एक परमी थी···जो चुप थी···चुप रही!
उसकी रात ने कभी
दिन में स्नान नहीं किया···
और रात लंबी हो चली थी!
अब तो उसकी यही प्रार्थना थी···
'या चाँद निकल आए···या रात गुजर जाए'

डिप्टी कमिश्नर स्ट्रीटफिल्ड का बँगला!

अगर जमीन के ताबूत को दीमक चाटने लगे तो शैतान देर तक कैद में बंद नहीं रह सकता!

कैप्टन मेयर्स स्ट्रीटफिल्ड से कह रहा था

"सर, मैं तो चाहता हूँ, बिरसा को उम्रकैद की सजा मिल जाए···वह जेल में सड़-गलकर मर जाएगा। फिर देखता हूँ, भगवान् कैसे बचता है?"

डॉ. रोजर्स योग्य डॉक्टर था। बीमारियाँ अच्छी तरह समझता था—हँसा!

"ये तो उसके भगवान् होने के पीछे ही पड़ गए हैं···"

स्ट्रीटफिल्ड भी भगवान् से नाराज था···

"पड़ना ही चाहिए! वह सिर्फ भगवान् होने की वजह से चर्चित हो गया और कलकत्ता के हर पेपर ने उसके बारे में लिखा!"

"और जंगल की कहानी, जो सिर्फ यहाँ तक पहुँचनी थी, वह अब पूरे देश में फैल गई···"

डॉ. रोजर्स खुश···और कैप्टन मेयर्स बेचैन!

उसे बिरसा याद आ गया···

"मैं दुनिया को बताऊँगा कि हम काले लोगों की धरती लाल क्यों है···?"

मेयर्स की बेचैनी और बढ़ गई···

"सर, वह बहुत खतरनाक है—उसको तो···!" तभी मरियम आती हुई नजर आ गई और वह अपनी बात पूरी नहीं कर पाया!

"अच्छा सर, हम लोग चलते हैं···"

कैप्टन मेयर्स के साथ डॉ. रोजर्स भी गया!

मरियम को देखकर स्ट्रीटफिल्ड दंग!

वह आदिवासी कपड़ों में थी। दो चादरों से ढका संगमरमरी बदन!

"कैसा लग रहा है?"

अच्छा क्या···वह आग लगा रही थी—मगर!

उसका यही पहनावा अगर किसी पश्चिमी डिजाइनर की कृति होता तो उसकी प्रशंसा में वह भारी-भारी शब्द न्योछावर कर देता···लेकिन यह आदिवासी पहनावा था, इसलिए उसे गुस्सा आ गया।

"स्टुपिड!"

अहंकार की बैसाखी पर चलते हुए लोग साँप की पिटारी की तरह हो जाते हैं···जरा खोलो तो फुंकार मारें!

जेल की कोठरियाँ—इनसानी पिंजरे

बिरसा चल रहा था··· !

बेड़ियाँ बज रही थीं!!

झन···झन···झन···

बाँसुरी नहीं तो···बेड़ियाँ थीं।

बिरसा का संगीत जिंदा था··· !

कुछ देर तक मरियम यह संगीत सुनती रही···उसे देखती रही···

फिर सलाखों के इतने करीब आ गई कि बिरसा देखे···तो वह खुद एक कैदी लगे!

"बिरसा! मैं जानती हूँ कि तुम लोगों पर बहुत जुल्म हुए हैं, मुझे तुमसे पूरी हमदर्दी है!"

हमदर्दी के सिक्के बटोरने का कायल बिरसा नहीं था! उसने जलती नजरों से मरियम को ऊपर से नीचे देखा···मरियम ने खूबसूरत अँगूठी पहन रखी थी जिसमें कोई कीमती पत्थर था! जिसका रंग बारिश में भीगे जंगल की तरह···गहरा था!

"यह कितने का है?"

"हजार···का होगा···"

"दो सौ बोरा चावल, दस बोरा नमक। जिससे छह गाँवों के लोग छह-सात महीनों तक अपनी भूख मिटा सकते हैं, उसे आप अपनी एक उँगली में लेकर घूम रही हैं··· !"

कुछ देर तक मरियम बोल न सकी···फिर आवाज निकली तो शब्द

शर्मिंदगी में भीगे हुए!

"सॉरी, इस तरह मैंने नहीं सोचा था वरना···"

"जो सिर्फ अपनी जगह खड़े होकर सोचते हैं, उनके हाथों में सूराख हो जाते हैं···वे देना भी चाहें किसी को, कुछ दे नहीं सकते और लेना चाहें तो कुछ ले नहीं सकते! हमदर्दी की जरूरत आपको है!!"

स्ट्रीटफिल्ड का बँगला!

छिटककर अँगूठी ड्रेसिंग टेबल पर गिरी!

बड़ी मुश्किल से गरियम उसे निकाल पाई थी···

राहत मिली!

चेहरा जो सुर्ख-सुर्ख था···फिर से गुलाबी होने लगा।

बसंती पानी का गिलास लेकर आई!···

"बसंती···तुम लोगों का बिरसा···सच्ची ग्रेट है"

बसंती टुक-टुक देखती रही···

"अच्छा बता, तुमको मेरे साहब कैसे लगते हैं? बोल न?"

"उनके बदन से बहुत बदबू आती है!"

सूखे पत्तों के ढेर में अचानक आग लग गई···

हवा भी तेज हो गई···और जलते पत्ते हवा में उड़ने लगे···उनकी तरह मरियम भी जल रही थी···बिखर रही थी···

"तुमने शादी की अँगूठी यहाँ क्यों रख दी?" पता नहीं कब बसंती गई और कब स्ट्रीटफिल्ड आ गया। खुद को समेटने में मरियम को थोड़ा समय लग गया।

"मैंने पूछा, यह शादी की अँगूठी यहाँ क्यों है?" स्ट्रीटफिल्ड का स्वर धारदार···मरियम अविचलित, वह आराम से चलती हुई उसके करीब गई और कहा, "तुम्हारे लिए एक सलाह है।"

"क्या?"

"तुम तेज परफ्यूम लगाया करो।"

"क्यों?"

"बसंती को तुम्हारे बदन से बदबू आती है!" पेड़ पर ऊँघते गिद्ध भी सहम गए और बाजू हवा में पटकते हुए उड़े!

फादर लिस्टी—संतुष्ट
चर्चों में फिर से बहार लौट आई
प्रेयर में पूरा हॉल फुल था···तिल रखने की जगह नहीं थी!

जमींदार जगमोहन की ऐश!
आनंद पांडे वीर सिंह मुंडा से ठप्पा लगवा रहे थे!
बाकी जमीन भी स्वाहा!
नौकर-नौकरानियाँ, जानवरों के साथ हल खींचनेवाले—
सब लौट आए थे··· !

दारोगाजी भी खुश!

गया मुंडा और उसके बेटे सुखराम ने सिपाहियों को खटिया समेत नदी में फेंका था···

उनकी धुलाई जारी थी!

सरकारी ऑफिसर भी मस्त!
चारों ओर शांति स्थापित हो गई थी!
अब आराम से गन्ने की भाँति इनसान पेरे जाने लगे!

बिरसा का गाँव—चालकद
जैसे-जलाई गई दुल्हन
मातम-मातम—माहौल!
मद्धिम-मद्धिम—मौत!!
गरम हवाओं का करुण रुदन!

परमी···
कितना चुने?
कब तक सुने?
वह बिरसा की बाँसुरी फूँकने लगी
बिरसा नहीं तो संगीत का रेशम भी नहीं···
जिसमें कीड़े की तरह वह दफन हो
परमी फूट-फूटकर रोने लगी···

राँची जेल!

जेलर के ऑफिस का दरवाजा धड़ाके से खुला और परमी अंदर आ गई…!

आज एक अलग ही रूप!

न खुशबू…

न तितली…

याकूत पत्थर जैसी सख्त!

"मुझे धरतीअबा से मिलना है!"

"नहीं! तुम नहीं मिल सकतीं!"

"मैं मिलूँगी!"

"कहा ना, उससे नहीं मिल सकती!"

"मैं मिलूँगी!"

"अरे, इसे धक्के मार–मारकर बाहर कर दो!"

जैसे ही सिपाही उसकी तरफ बढ़ा, परमी ने बड़ा सा चाकू निकालकर अपनी गरदन पर रख दिया!

"मुझे धरतीअबा से मिलने दो, नहीं तो मैं अपनी गरदन काट लूँगी!"

भगदड़ मच गई!

"अरे, कुछ करो यार"

"क्या करूँ?"

"जेलर साहब को बुलाओ!"

जेलर साहब के साथ मरियम भी आई!

यह दृश्य देखकर मरियम भी स्तब्ध!

"अरे, अपनी गरदन क्यों काट रही हो?"

"किसी दूसरे की गरदन काटने से धरतीअबा ने मना किया है!"

"लेकिन वह एक दिन सजा काटकर गाँव तो लौटेगा ही"

"उतना लंबा इंतजार करना होता तो चालकद से राँची चलकर नहीं आती!"

"राँची से चालकद 60 मील दूर है···!"

जेलर ने यह सूचना मैडम मरियम को धीरे से दी।

"बोलो···उनसे मिलने दोगे या नहीं?"

चाकू पर उसकी पकड़ और सख्त हो गई!

"मिलने देंगे! क्यों नहीं मिलने देंगे?" मरियम ने मामला सँभाला!

"अभी!"

"हाँ अभी!"

परमी कुछ आश्वस्त हुई!

मरियम मुसकराई और करीब आकर प्यार से पूछा!

"अच्छा बताओ, बिरसा बाँसुरी कैसी बजाता है?"

"वह···वह बाँसुरी बहुत अच्छी बजाता है···उसकी बाँसुरी मेरे ही पास है···वह उसके बिना नहीं बजती···नहीं बजती!"

बिरसा और बाँसुरी का जिक्र आते ही परमी कहीं और पहुँच गई···! फिर वह शब्द-शब्द जैसे आगे बढ़ती गई, चाकू भूलती गई···बाँसुरी···बिरसा···संगीत···याद आता गया! वह फूट-फूटकर रोने लगी!

गीली किताब को पढ़ने से पहले उसे धूप दिखा देनी चाहिए!!

मरियम···

परमी को दूसरे कमरे में ले गई!

अब याकूत पत्थर कहीं न था···अब खूशबू भी थी···और तितली भी!

"तुम उसकी कौन लगती हो?"

"पता नहीं मैं उसकी कौन हूँ, लेकिन वह सबका भगवान् है!"

खुशबू बिखरने लगी···

"वह सबका भगवान् है और तुम्हारा?"

"भगवान् से भी कोई बड़ा होता है?"

"नहीं, भगवान् से कोई बड़ा नहीं होता!"

"नहीं होता! अगर होता है तो वही!"

इस बार खुशबू यूँ लहराई कि भँवर बन गया···

जिसमें मरियम उतरती चली गई···!!

एक स्वर्गीय सुरूर—एक नशा—एक अहसास!

आज एक आदिवासी लड़की ने मुझे समझा दिया कि प्यार भगवान् से बड़ा होता है!

वह आज रात—यह बात अपनी डायरी में जरूर लिखेगी! मरियम ने सादर परमी को देखा-पूछा

"बिरसा की बाँसुरी कहाँ है?"

तितली उड़ चली···!

"उसको मैंने ऐसी जगह छिपा दिया है कि किसी को मिलेगी नहीं!"

"बिरसा जब लौटेगा तो उसे बाँसुरी कौन देगा? अगर तुम नहीं रही तो उसको बाँसुरी नहीं मिलेगी!"

तितली उड़ते-उड़ते डाल पर बैठी!

"मैं रहूँगी न! मुझे तो रहना ही पड़ेगा!"

"ये लोग तुम्हें बिरसा से नहीं मिलने देंगे! तुम वापस जाओ और गाँव में ही रहना वरना बिरसा को बाँसुरी कौन देगा? तुम जो बिरसा से कहने आई थी वह मुझसे कह दो। मैं उससे कह दूँगी!"

परमी ने मरियम को देखा—

वहाँ सच्चाई थी, अपनापन था!

मरियम ने परमी को देखा

बिंदु में ब्रह्मांड भी समाया होता है!

राँची जेल का बड़ा सा फाटक!

विदा होने से पहले मरियम ने परमी की तरफ उसका चाकू बढ़ाया

"इससे बाँस काटकर बाँसुरी तो बना सकती हो!"

"बिरसा कहेगा तो जरूर बनाऊँगी··· !"

परमी ने चाकू ले लिया और उसकी धार पर अपना अँगूठा रगड़ दिया, फिर खून से दीवार पर तिलक-सा लगा दिया!

"धरतीअबा से कह देना···यह परमी का खून है···वह यहाँ आई थी!"

एक पल के लिए ही···परमी ने अपना चेहरा उसकी तरफ मोड़ा था··· और उसकी भीगी आँखें नजर आ गई थीं! फिर वह पलटी तो रुकी नहीं··· दौड़ती चली गई

दीवार पर

आँसू लगाती तो नजर नहीं आता

शायद

इसीलिए उसने खून लगाया··· !

ये 'आँसू' होकर भी कितने 'नहीं' होते हैं··· !!

मरियम···परमी को देखे जा रही थी···

वह जैसे-जैसे दूर होती गई,

आँसू की बूँद बनाती चली गई!!!

पग-पग चलती···रिसती हुई···परमी

जंगल, मैदान, पहाड़ को पार करके जब घूरा नदी पहुँची तो शाम हो चुकी थी।

थकी-थकी सी शाम

आसमान का खून (या सिंदूर)

काला पड़ने लगा था

यही वो जगह थी जहाँ बिरसा अलग हुआ था।

इससे आगे

न उससे सोचा गया

न आगे चला गया

न वह खड़ी रह सकी···बैठ गई

उस पार से साली उसे देख रही थी

वो पानी की बूँदें उड़ाती-भागती हुई परमी के पास आई और आगे बढ़कर उसकी आँखों को चूम लिया।

"क्यों?"

"इनसे तुमने धरतीअबा को देखा होगा, इसलिए"

"नहीं, मैं उनको नहीं देख पाई, एक झलक भी नहीं, उनकी छाया भी नहीं"

परमी फूट-फूटकर रोने लगी

और साली

सूखे पत्तों-सी टूट-टूटकर बिखरने लगी···बहने लगी।

जेल!

मरियम ने अपना वादा पूरा किया

"बिरसा! परमी आई थी···उसको तुमसे मिलने नहीं दिया गया, इसलिए उसे जाना पड़ा! वह कह रही थी···इस साल फिर अकाल पड़ा है···चेचक, हैजा फैल गया है···सब कीड़े-मकोड़ों की तरह मर रहे हैं। जमींदार और दारोगा बहुत जुल्म करने लगे हैं, वहाँ ऐसा कोई नहीं है जो उनको सँभाले···"

इसके आगे···शब्द से पहले आँसू आ गए!

यह आँसू···बहुत जलनखोर होते हैं,

हर दृश्य का श्रेय लेने आखिर में खुद आ जाते हैं!

मरियम आगे कुछ नहीं कह सकी,

वह दौड़ती हुई चली गई!

जो गरमी बादल को पिघला देती है

वही गरमी

धरती को सख्त बना देती है!

बिरसा का चेहरा भी सख्त होता जा रहा था···!!

जंगल में,

सब कुछ वही···कुछ भी नहीं बदला···कुछ नहीं

देह वही···दर्द का कुआँ

साँसें वही···उखड़े-उखड़े से खेमे

यातनाएँ वही···

जमीन पर गिरा हुआ महुवा का एक दाना सुगाना मुंडा ने उठाया! भूख का भरम तोड़ने के लिए एक दाना भी काफी होता है। वह उसे मुँह में डालने ही वाला था कि उसकी नाक पर ठेकेदार का डंडा पड़ा और खून बहने लगा···

अब वह बेहोश नदी के किनारे पड़ा था

और लहरें उसका खून साफ कर रही थीं।

नागिन-सी पगडंडी!

चुन-चुनकर जमा की गई लकड़ियों का बोझा सिर पर लेकर आती हुई गया मुंडा की बहू-बेटियों को मारा-पीटा गया···माटी पर माटी की इज्जत लूटी गई!

खेतों में

बैलों के साथ सनरी···

उसका गीत-संगीत, शरीर सब जर्जर हो चुका था

फिर भी चला जा रहा था!

पहाड़ पर,

कई रोज का भूखा-प्यासा मथुरा मुंडा गिर पड़ा··· !

"हँड़िया पिये होगा"

बंदगाँव वाले हँस पड़े!

धानी मुंडा भागा-भागा आया

वह मर चुका था!

उसे पत्थरों के नीचे दफन करके धानी मुंडा ने एक पत्थर खड़ा कर दिया! ताकि सनद तो रहे कि वह कभी जिंदा था!

परमी पत्थर से लिपटकर रोने लगी···

आसपास कई ऐसे पत्थर खड़े थे··· !

पत्थरों के बीच से गुजरते हुए धानी मुंडा भी एक दिन रो पड़ा···

"और नहीं···बस और नहीं! धरतीअबा, आ जाओ···अब और देर कर दी तो यहाँ तुमको इनसान नहीं सिर्फ ऐसे पत्थर खड़े मिलेंगे! आ जाओ धरतीअबा, आ जाओ!"

धानी मुंडा ने जोर से अपनी लाठी जमीन पर मारी!

आग और तेजाब से अधिक
गरीबों–लाचारों के आँसुओं में मारक–शक्ति होती है… !
बिरसा की बेड़ियाँ खोली जा रही थीं!
कारावास का समय पूरा हो चुका था।
अब वनवास आरंभ होनेवाला था… !!
यह बीच का मध्यांतर था…

जेल का बड़ा सा फाटक!

बिरसा बाहर कदम रखने ही वाला था कि मेयर्स आ गया और उसने लोहे के फाटक पर हाथ रखकर रास्ता रोक दिया!

बिरसा का हाथ दीवार पर था, जहाँ परमी के खून की लकीर थी…
लकीर मिट तो चली थी
मगर टेढ़ी नहीं हुई थी!

"बिरसा, आज तुम जा रहे हो!"

"मेरे लोग तो कह रहे होंगे कि मैं आ रहा हूँ! सच क्या है? मैं आ रहा हूँ या जा रहा हूँ!"

"सच जो भी हो, मेरी बात गौर से सुनो—तुमने मुझसे कहा था कि तुमको आगे बढ़ना है और तुम आगे बढ़े…मैडम मरियम ने तुम्हारे बारे में बहुत कुछ गवर्नर को लिखा…क्या हुआ? कुछ नहीं होगा! तुम चीखते–चिल्लाते रह जाओगे। पैर पटकोगे, रोओगे, गिड़गिड़ाओगे, फिर भी तुम्हें कुछ नहीं मिलनेवाला!"

बिरसा शांत!

जख्मों पर नमक के बाद अब मिरची छिड़कने की बारी थी···

"अच्छा यही होगा कि तुम लोग शांति से जीओ और शांति से मर जाओ!"

बिरसा अब भी शांत था!

मिरचियाँ जिस आँगन में सुखाई जाती हैं···वह आँगन झाल-झाल तो नहीं हो जाता···

लेकिन मेयर्स अब भी मिरचियाँ बिखेर रहा था!

"बोलो, बिरसा! बोलो! तुमने अखबारवालों को जमींदार, पादरी और दारोगा के खिलाफ बहुत कुछ बोला···लेकिन उनका क्या बुरा हुआ···!"

"होना भी नहीं था! शेर जिन दाँतों से शिकार करता है, वह उनको बचाकर रखता है! इसलिए शेर हड्डियाँ नहीं चबाता! लेकिन इस बार शायद शेर के मुँह में हड्डी आ जाए···फिर तो सारे दाँत टूट जाएँगे और जब शेर के दाँत टूट जाते हैं तो शेर शेर नहीं रह जाता, सूअर बन जाता है···!"

काली आँधी की तरह यह कहते हुए बिरसा आगे से गुजर गया। पीछे दीवार पर खून की लकीर कैप्टन मेयर्स को नजर आ गई!

वह सोचने लगा,

कहानियाँ रोशनाई से भी लिखी जाती हैं···

आँसुओं से भी···

इस बार कहीं खून से तो नहीं लिखी जाएँगी?

अब वनवास आरंभ हो चुका था···

जंगल···जंगल

पहाड़···पहाड़

बिरसा तेज कदमों से चल रहा था···

रास्ते में

दिन की सफेदी···शाम की लाली···रात का काजल···

लेकिन वह किसी से नहीं मिला···

सारे रंग उसके लिए बेमाने–फीके

रंगों का अहसास

उसकी आँखों से उजड़ चुका था…

वह चलता ही रहा…

फिर उससे मिले…

सूखे–सूखे पेड़…पीले बीमार पत्ते…!

सूने–सूने खेत…मुर्दा पड़ी नदियाँ…

लेकिन वह किसी से नहीं मिला

वह तो उस उड़ते आँचल की तरह था

जिसके लिए एक माँ अपनी नंगी और सूखी छाती पर दोनों हाथ रखे इंतजार करती है!

चालकद

टूटे चेहरों की भीड़···

आँखों में इंतजार का धँसा हुआ रथ,

और ऐसी खामोशी···कि एक आँसू भी टूटे तो सुनाई दे जाए।

बिरसा अँधेरे से···मशाल की रोशनी में आया!

ठीक दो साल छह महीने बीस दिनों के बाद···

बिछुड़ने के ये रात-दिन

एक-दो को नहीं···सबको याद।

सबकी आँखें बिरसा पर टिकी थीं!

बिरसा

एक को देखकर सबको देख रहा था···

दर्द का रेगिस्तान पार करते-करते

सभी थक चुके थे···चूर हो चुके थे!

जितनी आँखें···उतना ही पानी-पानी दृश्य

जितने होंठ-उतनी ही लहूलुहान कहानियाँ

कहाँ से शुरू हो?

कौन शुरू करे?

कोई कुछ कह नहीं पाता···

कलम जैसे रोशनाई में डूब गई हो···

अचानक करमी नजर आई!

भीड़ को हटाती उनके बीच से यूँ गुजरती हुई, जैसे

हवा के झोंके से एक सूखा पत्ता
पेड़ों से टकराते हुए उनके बीच से गुजरे
करमी बिरसा को देखते ही रुक गई,
सूखा पत्ता···जैसे चट्टान से टकराकर रुक जाए!
फिर
हवा बहती रहे!
पत्ता टूटता रहे!!
बिरसा ने आसमान की तरफ देखा···
जहाँ दुःख और सुख के चरम शिखर आपस में मिलते हैं!
करमी माँ थी। उसे मालूम था कि बिरसा आसमान कब देखता है?
जब वह रो नहीं पाता!
आसमान भी कहाँ रो पाता है?
बादल रोते हैं!
करमी का जी चाहा कि वह जाए
और अपने आँचल में अपने आसमान को ढक ले
और बादल की तरह खुद रोना शुरू कर दे···!
लेकिन
बादल के भावुक टुकड़े
आसमान के करीब कहाँ जा पाते हैं···?
वे तो रास्ते में ही टूटने लगते हैं···
बूँद-बूँद!!
करमी सिसकने लगी···
फिर क्या था,
पिचकारी समझकर जैसे किसी ने सबके वजूद को एक साथ दबा दिया!
सबकी आँखों से पानी की बूँदे छलकने लगीं···
कहीं बे-आवाज···तो कहीं-बा-आवाज!
पूरा माहौल रो रहा था!!

अगर दुःख या सुख अथाह हो···
तो उसे व्यक्त करना आसान हो जाता है!!!
एक परमी थी जिसके आँसू नहीं छलके···!
साली रोनेवालों में थी—उसने पूछा
"तू क्यों नहीं रोई?"
"तू तो बहुत रोई—क्यों?" परमी ने पूछा।

"उनको देखकर मुझे अपने सारे दुःख याद आ गए थे।" साली ने कहा।

"लेकिन मैं उनको देखकर सारे दुःख भूल गई! फिर कैसे रोती?" परमी बोली।

ये दो लकीरें थीं—एक-दूसरे के विपरीत दिशा में
लेकिन हकीकत यह थी···कि ये एक ही लकीर के दो टुकड़े थे!!

बिरसा का घर
बिरसा···अब यहाँ था!
रोशनी···यहाँ थी!
दीपक जल रहा था।
आसपास सारे सोनेवालों ने यही देखा होगा···कि दीया जल रहा है।
लेकिन बिरसा
कुछ और भी देख रहा था···
कि दीया नहीं···कंडी का तेल जल रहा है,
बाती जल रही है!
यह दीया कहीं जमींदार, पादरी, दारोगा, सरकार तो नहीं?
जो जलाते किसी और को हैं और रोशनी अपने नाम ले लेते हैं?
फिर से बेचैनी
बिरसा जो अब तक पीठ के बल लेटा था···चित हो गया!
अब उसका सिर खाट के बाहर–नीचे झुका हुआ
गरदन कमान की तरह तनी हुई!
आँखें आसमान की ओर
जहाँ धुएँ का गुबार उठ रहा था!
शायद···दूर जंगल में आग लगी होगी!

यह जंगल भी दिल की तरह है। यहाँ आग लगाई भी जाती है और लग भी जाती है!

सब सो रहे थे···करमी भी···! आज उसको ढाई साल के इंतजार को

पहली बार अंधी नींद आई थी!

सोनेवालों में परमी भी थी

जो सबसे पहले सो गई थी!

भोर की ठंडी हवा चलने पर बिना घोंसले के परिंदे सबसे पहले जाग पड़ते हैं—

वह भी जाग पड़ी!

बिरसा को देखा—

···वह जाग रहा था!

खाट से नीचे झुका हुआ सिर···

तनी हुई गरदन—

ऐसी मुद्रा में नींद आ भी नहीं सकती!

बिरसा शायद सोच रहा है···कुछ देख रहा है!!

वह यह सब कैसे कर पा रहा है?

थका हुआ तो बहुत है!

राँची से चालकद···गया मुंडा बोला

वह कहीं रुका नहीं, इसकी साँस बहुत लंबी है···!

वह क्या करे जो बिरसा को थोड़ा तो अच्छा लगे

वह धीरे-धीरे बिरसा की खाट के करीब खिसक आई!

"बिरसा!···बिरसा···!!"

बिरसा ने खुशबू महसूस की!

"बिरसा! चलो, हम जंगल में चलते हैं! वहाँ साथ-साथ दौड़ेंगे! और दौड़ते-दौड़ते नदी तक जाएँगे। वहाँ का पानी ठंडा-ठंडा होगा। फिर उसमें नहाएँगे। मैं रीठा अपने साथ ले लूँगी। उससे मैं तुम्हारा बदन रगड़-रगड़कर साफ कर दूँगी। फिर तुम बाँसुरी बजाना और मैं फूल चुनूँगी! बहुत दिनों से मैंने तुम्हारी बाँसुरी नहीं सुनी! तुम्हारी बाँसुरी मैंने ही छिपाकर रखी है, ले आऊँ?"

परमी बातों के बहाव में बहते-बहते बिरसा के करीब होती गई! और···

अचानक चुप हो गई!

बिरसा की आँखों से आँसू निकलकर उसके सिर की तरफ बह रहे थे!

खुशबू को जैसे पर लग गए···!

"बिरसा, सबके आँसू आँखों से गालों पर गिरते हैं, मगर तुम्हारे आँसू तुम्हारे कपाल पर गिर रहे हैं। तू सही में आम आदमी नहीं है, तू भगवान् है! तू भगवान् है!!" बिरसा उठ बैठा और उसने आँसू पोंछना चाहा तो परमी ने उसका हाथ पकड़ लिया!

"नहीं-नहीं, ऐसे मत रगड़···कपाल में भाग्य लिखा होता है···ऐसा रगड़ेगा तो ये आँसू तेरे पूरे भाग्य पर फैल जाएँगे!"

बिरसा के आँसू उसने अपने आँचल में समेट लिये!

उसका वश चलता तो वह शायद अपनी पलकों से एक-एक बूँद आँसू चुन लेती!

कब्रिस्तान!

यहाँ पत्थर-ही-पत्थर खड़े थे।

उनके नीचे लाशें-ही-लाशें दफन थीं।

इतने कम समय में इतने मर नहीं सकते—ये मरे नहीं थे।

भूख, बीमारी, अकाल, सरकार सबने मिलकर यहाँ कत्लेआम किया था···और सरेआम किया था···

दर्द ने आँखों में···

आँसू की चादर बिछानी शुरू कर दी।

बिरसा ने पलकें फैला दीं—

ताकि चादर छोटी पड़ जाए!

पत्थरों के नीचे मथुरा मुंडा, प्रचारक और उसका बाप सुगाना मुंडा भी··· जिसे इस बार इमली का पानी भी रास नहीं आ पाया था!

असीम शून्य में इन खोए चेहरों को तलाशते-तलाशते अचानक बिरसा कैप्टन मेयर्स की कर्कश आवाज से टकरा गया।

"चीखने-चिल्लाने से कुछ नहीं होगा! अच्छा यही होगा कि तुम लोग शांति से जीयो और शांति से मर जाओ।"

यह आवाज उससे बार-बार टकराती गई।

फिर,

एक तरफ से सैलाब आया···एक तरफ से तूफान उठा, दोनों टकराए—

और सैलाब का पानी आसमान छू गया!

बिरसा की नजरें भी आसमान छू रही थीं···

जिसके सीने पर वह शायद अपनी पलकों से लिख रहा था—"अब न शांति से जिएँगे, न शांति से मरेंगे!"

तभी

हँसती हुई परमी···

हँसते हुए बच्चे जंगल के हरे अँधेरे से बाहर निकले!

हाथों में सबके उजले फूल···जैसे उजाले उठा लाए हों।

बिरसा अब भी आसमान देख रहा था–

शायद लिखावट पूरी नहीं हुई थी···

उसकी चादर हवा में उड़ रही थी

जैसे रणभूमि में दौड़ते हुए रथ का ध्वज!!

करीब आकर सबने सारे फूल बिरसा के पैरों पर न्योछावर कर दिए! यहाँ जितने थे, सबको अच्छा लगा, मगर मुसकरा नहीं सके, क्योंकि बिरसा चुप था—

बिरसा ने इधर–उधर देखा···

साली टोकरी में लाल रंग के फूल लाती दिखाई दी!

"साली"

साली पास आ गई तो बिरसा ने उससे टोकरी लेकर लाल फूलों को उजले फूलों पर डाल दिया।

सबकी आँखों में सवाल?

पूछे कौन?

कोई नहीं पूछेगा?

सवाल पूछने की आदत ही नहीं!

ये गलत जवाब बनकर सदियों से जीते रहे···!!

बिरसा ने ही सवाल किया···

"परमी, देखो···इन लाल फूलों के मिलने के बाद तुम्हारा उजला फूल और उजला लग रहा है या नहीं?"

"हाँ!"

"और लाल फूल भी सफेद फूलों के बगल में पहले से ज्यादा लाल लग रहा है ?"

"हाँ!" इस बार साली ने हाँ कहा!

बिरसा उजले और लाल फूल उठाते हुए—

"यह उजला फूल अहिंसा है···यह लाल फूल हिंसा है···हिंसा और अहिंसा दोनों साथ-साथ हों तभी दोनों का रंग निखरता है! ये दोनों एक दूसरे के बिना अधूरे हैं! जिस रास्ते पर हिंसा और अहिंसा साथ-साथ चलें···वही रास्ता···सिर्फ वही रास्ता हमें अपनी मंजिल तक पहुँचा सकता है। अब जब भी लाना, सफेद और लाल फूल साथ लाना!"

चालकद…
फिर से तीर्थस्थल बन गया… !
फिर से यहाँ टूटे-फूटे लोगों की भीड़ उमड़ने लगी थी।
एक जगह…इनसानों का दायरा।
ठंडी हवा से—सिकुड़े-सिकुड़े से बदन!
हँड़िया पी होती तो जरा फैले-फैले होते, मगर धरतीअबा का फरमान!
नशा…बिल्कुल नहीं!
नशा—दर्द से
अपने आप से…फरार
फरार—
तो बुजदिली है!
खुदकुशी है… !!
खुदकुशी वापस लौटने में भी है
बिरसा ने अपने पाँव को देखा—

पाँव भी भगवान् ने ऐसे बनाए कि उँगलियाँ आगे की तरफ ही चलने का इशारा करती हैं—मदद करती हैं!

कुदरत की पुस्तक में
सारी शिक्षा मौजूद है…
उसके शब्दों को छूते-पढ़ते भी लगभग सभी हैं…
मगर अर्थ कोई-कोई
सदियों में—

लाखों में—

समझ पाता है!!

समझा पाता है···!!

बिरसा के हाथ में दीया जल रहा था—

उसने परमी को दिया!

"लो और जाओ, उसको जलाओ!"

सामने सूखी लकड़ियों का ढेर रखा हुआ था!

"आप अँधेरे में रह जाएँगे!"

"अँधेरा मुझे निगल नहीं जाएगा!" आँखें मुसकराईं! लकड़ियों के ढेर के पास पहुँचकर परमी ने पीछे मुड़कर देखा तो धरतीअबा नहीं थे··· अँधेरा था!

वह काँप गई···उसके हाथ से दीया छूटकर नीचे गिरा···सूखी लकड़ियों को तेल और आग दोनों मिल गए। वह जलने लगी!

सबके सब मुसकराते-खिलखिलाते आग के चारों तरफ आ गए! कुछ ने तो शोलों को छू भी लिया! हँस भी पड़े!

अब परमी ने पलटकर देखा तो आग की रोशनी में धरतीअबा नजर आ रहे थे!

अँधेरा···

कोई अजगर नहीं है जो निगल जाए···

अँधेरा तो एक परदा है—

जो गिरता और खुलता है···!

शोलों का कद और बढ़ गया था—

अब वे शोलों को पाँव से छूने भी लगे थे!

शोलों का उड़ता सुर्ख आँचल···

उनके लिए···राहत-ही-राहत!!

अचानक!

चिरौंजी की झाड़ आग पर गिरी और चारों तरफ चिनगारियाँ उड़ने लगीं!

सभी हड़बड़ाकर पीछे हटे

चिरौंजी···धरतीअबा के निर्देश पर साली ने डाली थी!

लेकिन क्यों?

सबकी आँखों में सवाल?

पूछे कौन?

कोई नहीं पूछेगा!

सवाल पूछने की आदत ही नहीं है!

इस बार बिरसा ने जवाब दिया!

"जो पहले जल रही थीं। वह साल की लकड़ियाँ थीं, वह आराम से जल जाती हैं···इसलिए सब लोग उसे जलाते हैं! यह है चिरौंजी जिसको जलाओ तो चिनगारियाँ उड़ती हैं, इसलिए इसे कोई नहीं जलाता! इसी तरह तुम लोग भी जब तक साल की लकड़ियों की तरह आराम से जलते रहोगे—सब तुम्हें जलाते रहेंगे, लेकिन जिस दिन से तुम लोग चिरौंजी की तरह चिनगारी उड़ाने लगोगे, तुम्हें कोई नहीं जला पाएगा!"

एक कंकड़ ही काफी था लहरों को जीवंत करने के लिए! सब खड़े हो गए!!

बिरसा की आतिशी आवाज गूँजने लगी···

"जितना मिटना जरूरी था जीने के लिए···तुम लोग उतना मिट चुके! बस···अब और नहीं···अब चुप मत रहो···अब शांति से मत मरो···बोलो!"

"क्या बोलें?"

"तुम्हीं बोलो धरतीअबा···क्या बोलें···"

अब पूरी भीड़ चिरौंजी की भाँति चिनगारी उड़ाने लगी थी।

बिरसा ने उँगली आकाश की ओर उठाई, जैसे वह उसको भी इन सुर्ख पलों का साक्षी बनाना चाहता हो—

उसका पेट···पीठ से लगा···

बदन···कमान की तरह तना

और आवाज···तीर की तरह छूटी···

"उलगुलान!"

खून के लजीले कतरों में ज्वालामुखी-सा उबाल आ गया···सब चीखते हुए उछल पड़े—

"उलगुलान"

बिरसा
उन फकीरों में से नहीं था जो पुरानी लकीर पीटते रहते हैं
वह तो एक नई लकीर खींचने आया था!
और आज उसने एक नई लकीर खींच दी!
जंगल की आग
पत्ता-पत्ता फैलती है···!
'उलगुलान'
साँस-साँस फैलता चला गया!!

चर्च में
प्रेयर के समय आदिवासी लड़कों ने एक-दूसरे को देखा,
'उलगुलान' कहा, बाहर निकल गए···!
इनके पीछे कई लड़के···
'उलगुलान' ही अब इनकी प्रार्थना थी!

खेतों में

हल जोतनेवाले आदिवासी बंधुआ मजदूरों ने एक-दूसरे को 'उलगुलान' कहा और भाग गए!

हवेली में
सनरी और महुवा के साथ-साथ

जमींदार का पाँव दबानेवाले और पानी पिलानेवाले नौकरों ने भी एक-दूसरे को 'उलगुलान' कहा और निकल गए!

नदी किनारे
बच्चे ने पानी में पत्थर फेंकते हुए कहा—'उलगुलान'!

घरों में
औरतें कंडी का बीज कूटते हुए बोलीं—'उलगुलान'।

धीमे से
कही गई बात भी नहीं छिपती,
'उलगुलान'…तो नगाड़े की चोट पर कहा गया था!

स्ट्रीटफिल्ड का बँगला!

स्ट्रीटफिल्ड ने लॉन में चाय पीते-पीते मेयर्स से पूछा—

"यह उलगुलान क्या होता है?"

"विद्रोह!"—आती हुई मरियम ने जवाब दिया!

और एक नई खबर भी दी—

"बसंती भी नौकरी छोड़कर चली गई!!"

जलता सिगरेट का टुकड़ा फेंका गया!

"उसकी इतनी हिम्मत कैसे हुई?"

"तुमने कहा था न! आदिवासी घास की तरह होते हैं"

"हाँ! और उनको मैं कुचल डालूँगा!"

"घास हमेशा पाँव से ही कुचली जाती है! मगर मरती नहीं है···हाँ! उसको पाँव से कुचलनेवाले जरूर मर जाते हैं। तब उनकी कब्र के ऊपर वही घास उगती है!"

"तुम कहना क्या चाहती हो?"

"यही कि गलत जवाब से सवाल कभी हल नहीं होता!"

"हम सवालों का पन्ना ही फाड़ देंगे!"

"यह कोशिश पहले भी बहुत लोगों ने की, मगर वे सफल नहीं हुए··· अगर तुम चाहते हो कि उनका विद्रोह मिट जाए तो सबसे पहले एक काम करो···उनका पेट भर दो! विद्रोह···भूखे पेट से ही जन्म लेता है!"

क्रोध···सातवें आसमान पर!

"मैं उनके पेट में गोलियाँ भर दूँगा!"

"चलो, उनका पेट तो भरोगे, गोलियों से ही सही···!

उनका विद्रोह इससे भी रुक जाएगा···मगर मिटेगा नहीं!"

"यू शटअप! कैप्टन मेयर्स बिरसा को गिरफ्तार कर लो!"

मेयर्स ने जोर से एड़ियाँ बजाईं!

बिरसा···नुकीली चट्टान पर खड़ा था!

हाथ में बाँसुरी थी

जिसे वह उँगलियों से चक्र की तरह घुमा रहा था!

साली और परमी के हाथों में सफेद-लाल फूलों की थाली थी···!

लोग आते गए और एक उजला, एक लाल फूल उठाकर कानों में खोंसते चले गए···

पीछे से उजले और लाल रंग से बने झंडे धानी मुंडा के निर्देश पर हवा में लहराए!

बिरसा की आतिशी आवाज भी लहराई···

"मैंने तुम लोगों से कहा था कि एक दिन मैं खुद तुम लोगों से नाचने को कहूँगा"

"हाँ!" सनरी खुश हो गया!

"नाचो!"

मारे खुशी के लोगों की चीखें निकल गईं···

पाहन मुंडा पूरे जोश के साथ नगाड़ा बजाने लगा!

सब जमकर नाचने लगे···

धूल उड़ने लगी···

यह हँड़िया या किसी दारू के नशे का कमाल नहीं था, यह बिरसा का कमाल था···!

बिरसा ने जब 'उलगुलान' कहा तो किसी ने यह सोचा भी नहीं कि इसका अंजाम क्या होगा?

सूरज की तरफ जिनका चेहरा होता है, उनको साया नजर नहीं आता!

सब बिरसा को देखते हुए पूरी मस्ती में नाच रहे थे!

डोंका मुंडा आया!

"धरतीअबा, आपके नाम का वारंट निकल गया है···पुलिस चालकद आई थी···वापस चली गई···"

पाहन मुंडा ने नगाड़ा बजाना रोक दिया!

फिर नाच रुक गया!

गीत रुक गया!!

बिरसा चट्टान से नीचे कूद पड़ा!

"तुम लोग रुक क्यों गए? पाँव में जंजीर जितनी मोटी हो, उतना ही तेज नाचोगे तब जंजीर टूटेगी!"

बजाओ–नाचो!

पाहन मुंडा ने नगाड़े पर कसकर चोट मारी!

सब फिर से नाचने लगे···पहले से ज्यादा तेज!

पहले सिर्फ मस्ती थी···अब जोश भी था!

गया मुंडा आया!

"धरतीअबा, हमारे चार आदमी गिरफ्तार कर लिये गए!"

बिरसा ने पाहन मुंडा को देखा!

"और तेज!"

नगाड़े पर चोट और नाचते पैरों की रफ्तार और तेज हो गई!

अब

जोश के साथ-साथ जुनून था!

इनकार था—इनकलाब था।

इसके आगे क्या था··· ?

किसी को चिंता नहीं थी!

एक अंधी झोंपड़ी!

धानी मुंडा···

गया, डोंका, सनरी और कइयों को एक झोंपड़े में ले आया और उनको तीरों का एक बड़ा ढेर दिखाया!

सबकी आँखें फैल गईं!

"इतने तीर?"

"मैंने जन्मभर फसल कहाँ···तीर ही तो उगाएँ हैं!" धानी मुंडा किसी सफल किसान की तरह हँसा! और सबकी नसों में जलती चिरौंजी बहने लगी। सब चिल्ला पड़े···'उलगुलान'

सब की आवाज!

हक की आवाज!!

चोटिया मंदिर!

बिरसा अपने आदिमियों के साथ बढ़ता चला जा रहा था···

दूर से देखें तो एक लकीर लंबी सी नहीं, चौड़ी सी!

बाँध टूटने पर भी एक लकीर—चौड़ी सी,

जिसके पीछे—

बरसों का जमा हुआ···उफनता हुआ पानी होता है···!

जब यह उफनती भीड़,

चोटिया मंदिर के पहाड़ी रास्ते पर आगे बढ़ी

तो चौड़ी लकीर लंबी हो गई!

इधर-उधर से कई लोग आकर इसमें गिरता पानी देखते, यह लंबी लकीर—तीर बन गई!!

'इनसानों का तीर' चलते-चलते जब बिरसा मंदिर पहुँचा तो दोपहर का सूरज दप-दप कर रहा था!

आज यह मंदिर,

नमक-भात माँगनेवाले याचकों से नहीं··

अपना हक माँगनेवाले श्रद्धालुओं से खचाखच भरा था!

तभी···पाहन मुंडा ने नगाड़े पर चोट मारी···

और भीड़ में से बिरसा···ध्वज की तरह उठा,

सूरज उसके सिर पर चमक रहा था और बिरसा समय के ललाट पर तिलक बनकर खड़ा था···! धानी मुंडा के इशारे पर नगाड़े का बजना रुका और बिरसा के शब्दों का लावा बहने लगा!

"हमारे बाप-दादा ने पत्थरों से ये मंदिर बनाया। हमने क्या किया? हम चुपचाप अपनी लाशें पत्थरों के नीचे गाड़ते रहे! लेकिन अब नहीं! जो अभी इसके मालिक हैं। उनको हम बता देंगे कि पानी का अकाल है, अनाज का अकाल है···लेकिन हमारे खून का अकाल नहीं पड़ा! अपना राज वापस लेने के लिए हम अपने बदन से दूध की तरह खून की धार बहा देंगे! हमारी धरती लाल है! इसे और लाल कर देंगे···मगर झुकेंगे नहीं!"

"कब हम उनसे जीत पाएँगे?" सुखराम ने पूछा।

"जरूर जितेंगे! हमारे पास जीतने के लिए बहुत कुछ है, मगर हारने के लिए कुछ भी नहीं। इसलिए हमें कोई हरा नहीं सकता और अंतिम जीत हमारी होगी!"

कहते हुए बिरसा ने खून का तिलक लगाया···!

सब चिल्लाए—

"उलगुलान!"

भूखे पेट से
पहला तीर छूटा···
फादर डिडलैक के हाथ में लगा···!
वही हाथ···जिससे वह भात-नमक बाँटकर
आत्मा को बंधक बना लेते थे!
दूसरा तीर!!
महुवा के ढेर के पास बैठे जंगल के ठेकेदार को लगा।
जो महुवा के एक दाने को भी
आदमी की जान से ज्यादा कीमती समझता था!
वो महुवा के ढेर पर गिरा!

तीसरा तीर!!!
लाठी-भाला चलानेवाले जमींदार के कारिंदे को लगा···

वह खौलते गन्ने के रस में गिर पड़ा!

मीठी जिंदगी की तमन्ना में उसका 'मीठी मौत' से गले लग जाना पूरे बंदगाँव के लिए चिंता का विषय बन गया।

उस दिन तो सबको अपनी चिता ही नजर आने लगी, जब आनंद पांडे और गाँववालों ने सनरी और उसके साथियों को तीर-तलवार और तेवर के साथ देखा।

ये वही थे—सनरी को जनखा बनाकर नचानेवाले

एक पूरी जाति का उपहास उड़ानेवाले

वे सब···सनरी की आँखों से भी मुकाबला करने में समर्थ नहीं थे!

गुनाह की पहली किस्त ही मनोरंजक होती है—बस!

सनरी ने तीर चलाया—

आनंद पांडे के पाँव में लगा! वह गिरा!

भीड़ उसको अकेला छोड़कर भाग गई···

सनरी करीब आया। उसके साथ महुवा भी थी।

वह चिल्लाई—

"मार!"

"नहीं!" सनरी ने महुवा को चुप किया, फिर आनंद पांडे से—

"हमारे धरतीअबा कभी तुमको गुरु मानते थे, इसलिए तेरा चरण छुआ वरना तीर तेरे गले में मारता!"

"केवल पाप नहीं, पुण्य भी लौटता है!"

इसलिए आनंद पांडे की जान बच गई।

सनरी और उसके साथी आगे बढ़ गए···

'उलगुलान' भी आगे बढ़ता गया···

फैलता गया···

पहली बार ऐसा हुआ था

जब जंगल की आग की लपटें बाहर बस्तियों तक पहुँचने लगी थीं···इसकी रोशनी के आईने में पहली बार लोगों ने अपना डरा हुआ विकृत चेहरा देखा!

यह आग किसने लगाई?

एक बाँसुरी बजानेवाले ने!

इस देश में यह अकेला ही बाँसुरी बजानेवाला क्रांतिवीर पैदा नहीं हुआ!

यह तो कृष्ण का वंशज है···!!!

तो आओ, महाभारत में सम्मिलित हो जाएँ···एक बार सबकी आत्मा ने सबको यह निमंत्रण दिया!

लेकिन, यह जनम जली आत्मा सबसे बड़ी अभागन है! इसका निमंत्रण सबसे कम स्वीकारा जाता है···!

सब कौरवसेना की प्रतीक्षा में थे···

जिसका अभी दूर-दूर तक पता नहीं था। करीब थी तो बिरसा की सेना,

बिरसा कह रहा था—

"फल-फूल, पत्ते-डालियाँ इनको काटने-मारने से क्या होगा? जड़ में कुल्हाड़ी मारो···जड़ में! जैसे-जैसे मैं गया था, वैसे-वैसे तुम भी चलो···वे मुझे चालकद से कहाँ ले गए थे···खूँटी···वहीं मेरा फैसला हुआ था, अब वहाँ तुम लोग फैसला करोगे!"

सब चिल्लाए—

"उलगुलान!"

तभी सुखराम ने पीछे के पहाड़ी में आग लगी देखी···

"धरतीअबा, वह देखिए आग! पुलिस आ रही है!"

"पीछे कौन आ रहा है, भूल जाओ···तुम्हें कहाँ जाना है, सिर्फ यह याद रखो!"

"खूँटी" सभी चिल्लाए!

काली गिद्ध-सी रात
विशाल डैने फैलाए!
कैप्टन मेयर्स
सिपाहियों के साथ जंगल में बढ़ता आ रहा था!
उसे अंदर-ही-अंदर एक डर भी डस रहा था···
पता नहीं किधर से तीर आ जाए!
इसलिए उसने टॉर्च नहीं जलाई!
पेड़ों-पत्थरों से टकराते-चलते
वे उसी जगह पहुँचे जहाँ थोड़ी देर पहले बिरसा और उसके आदमी थे!
अब वहाँ कोई नहीं था···
मेयर्स झुँझलाया!
सामने एक अंधी झोपड़ी थी!
मेयर्स ने रिवाल्वर सीधी की···
"ऐ, कौन है? बाहर निकलो!"
गया मुंडा तलवार लिये बाहर निकला

"और कौन-कौन है अंदर···सब बाहर निकलो" गया मुंडा का छोटा लड़का, चौदह साल का नाती रामू, दो बहुएँ, तीन बेटियाँ, सबके सब बाहर निकल आए! हरेक के हाथ में कोई-न-कोई हथियार था!

और अंदाज···मरने-मारने का!

"देखो अंदर और कोई है क्या?"

मेयर्स के हुक्म पर सब-इंस्पेक्टर जैसे ही आगे बढ़ा···अंदर से एक

फरसा इसके सिर का निशाना लेकर फेंका गया, जो उसकी लाल टोपी को गिराता हुआ पेड़ में धँस गया!

अंदर से गया मुंडा की पत्नी माकी बाहर निकली!

"तुम लोग अपने-अपने हथियार नीचे फेंक दो!"

"यहाँ तेरे बाप का राज है" गया मुंडा आगे बढ़ा!

मेयर्स ने गोली चलाई, जो गया मुंडा के काँधे पर लगी...खून के छींटे जमीन पर गिरे...!

गया मुंडा हँसा...! उसकी हँसी में जुनून था...!

"टॉर्च मार...यहाँ टॉर्च मार...देख, यह धरती और लाल हो गई...धरतीअबा ने यही कहा है कि इस धरती को हम और लाल कर देंगे, मगर झुकेंगे नहीं।"

गया मुंडा ने मेयर्स पर हमला कर दिया...! इसके साथ ही उसका पूरा परिवार सिपाहियों से 'उलगुलान' कहते हुए भिड़ गया!

संगीनें चलने लगीं...!

दो घंटे तक यह लड़ाई जारी रही! तब कहीं जाकर उनके शरीर काबू में आए!

गया मुंडा ने खून थूकते हुए कहा—

"अब जो करना है, करो, हमको परवाह नहीं। हमारा काम तो हो गया! हमने तुम लोगों को दो घंटे रोका! अब तो खूँटी में उलगुलान हो जाएगा!"

यह कहकर गया मुंडा ने ठहाका लगाया...उसके साथ औरतें-बच्चे भी हँसे!

उनके होंठ जख्मी जरूर थे, मगर उनकी हँसी पूर्णत: स्वस्थ थी!

खूँटी थाना!

यह वही जगह थी जहाँ सैकड़ों-हजारों खाली हाथ हवा में उठे थे—"हमें भी धरतीअबा के साथ गिरफ्तार कर लो!"

वही हाथ आज तीर कमान लिये हुए थे!!

थाने में अधिकांश सिपाही बिरसा की खोज में जंगल गए थे···सिर्फ दो बंदूकें थीं। जो दारोगा के हुक्म से भीड़ की तरफ तान दी गईं! हवाई फायरिंग भी किए गए···

लेकिन

दो-चार पत्थर हवा में फेंकने से तो एक चिड़िया भी नहीं मरती···सैलाब का पानी कैसे रुक जाता!

भीड़ को साथ लेकर आता हुआ धानी मुंडा चिल्लाया!

"चला गोली···जहाँ मारना है मार···न तो जानवरों की तरह हमारी खाल मोटी है, न तुम लोगों की तरह वर्दी पहनी है। चला गोली···चला!"

भीड़ बढ़ती चली आ रही थी!

जिंदगी···

मारनेवालों से ज्यादा मरनेवालों से डरती है!

इनकी हिम्मत जवाब दे गई···ये लोग भागे!

दारोगा घोड़े पर सबसे आगे!

लेकिन आज उसका समय नहीं था!

···और जब समय अपना नहीं हो तो क्या आगे क्या पीछे

…कोई अंतर नहीं पड़ता!

उसके बदन में कई तीर लगे और वह घोड़े से नीचे गिरा!

उसने हाथ जोड़े

हाथ तो सुखराम और सनरी ने भी बहुत जोड़े थे…

जो उसने बोया था, वही आज सूद समेत काटना था!

उन दोनों का फरसा एक साथ उठा और गिरा!

…चीख!

फिर कई चीखें… !!

मद्धिम जलते चिरागों की लौ···

कहीं बढ़ते-बढ़ते···

रोशनदानों के शीशे तक न पहुँच जाए···

और शीशा चटखकर टूट जाए!

इस शंका से रोशनदानवालों में कोहराम मच गया! फॉरब्स-स्ट्रीटफिल्ड के सामने आया! सलामी दी···कहा—"सर, पूरे राँची शहर में यह खबर गरम है कि 8 जनवरी को बिरसा और उसके आदमी यहाँ हमला करनेवाले हैं!"

"व्हाट!" स्ट्रीटफिल्ड खड़ा हो गया!

खूँटी थाना,

दारोगा की कुरसी पर बैठे,

धानी मुंडा हँसते-हँसते···

"पहले हम इनसे डरते थे, अब ये लोग हमसे डरने लगे हैं! हा···हा···हा···"

"इतना क्यों हँस रहे हो?"

"इसी हँसी के लिए तो मैं आज तक जिंदा रहा!" वह फिर हँसने लगा।

स्ट्रीटफिल्ड फॉरब्स के साथ चलते हुए—

"बिरसा को हमें राँची आने से पहले ही रोकना होगा! तुम सातवीं जाट रेजिमेंट के डेढ़ सौ रायफलधारी जवानों को लेकर फौरन खूँटी जाओ!"

पुलिस हेडक्वार्टर—

सीढ़ियाँ चढ़ते हुए मेयर्स दूसरे अफसरों से···

"बिरसा और उसके आदमियों का पता चला, वे कहाँ हैं?"

"नहीं!"

"हम लोग जिस जगह जाते हैं, उस जगह को वे पहले ही छोड़कर चले जाते हैं। उनको हमारे आने का पता कैसे लग जाता है?"

"आग से!"

"यस सर, पुलिसवालों को देखते ही वे पहाड़ी पर आग लगा देते हैं··· जिससे वे जान जाते हैं कि पुलिस आ रही है!"

मेयर्स ने बेबसी से हाथ पर हाथ मारा!

"फॉरब्स—तुम लोग दस-दस की टुकड़ी बनाकर चारों तरफ फैल जाओ और पता लगाओ कि वे कहाँ हैं?"

तीन सिपाही दौड़ते नजर आए।

नरसिंह और उसके साथियों ने तीर छोड़े—

दो को तीर लगे, वे गिरे

एक बचकर भागा···

वही सिपाही दौड़ते-दौड़ते स्ट्रीटफिल्ड के पास पहुँचा!

"सर, मालूम हुआ है कि सैलराकब की पहाड़ी पर अपने लोगों को दर्शन देने बिरसा आनेवाला है!"

"खबर पक्की है?"

"यस सर!"

अब कैप्टन मेयर्स, फॉरब्स और स्ट्रीटफिल्ड तीनों बंदूकधारी सिपाहियों के साथ अलग-अलग रास्तों से सैलराकब की तरफ बढ़ते जा रहे थे!

सैलराकब,

यहाँ बिरसा के दर्शन के लिए आदिवासी आते जा रहे थे। अधिकांश बच्चे, औरतें और बूढ़े!

पहाड़ी पर जो पहुँच चुके थे, वे बिरसा की स्तुति में गाना गा रहे थे···! धानी मुंडा, महुवा सबसे आगे-आगे थे।

नरसिंह मुंडा भी अपने लोगों के साथ···तीर-कमान, तलवार, भाले हाथों में लिये गा-नाच रहा था!

एक आदिवासी औरत गोद में अपना बच्चा लिये भागी जा रही थी कि देर न हो जाए! उसका बच्चा बेतहाशा रोने लगा! वह पेड़ के नीचे बैठकर उसे दूध पिलाने लगी, लेकिन नजरें सैलराकब की पहाड़ी पर रहीं, जहाँ गाते-नाचते लोग नजर आ रहे थे!

यही नजारा दूर से स्ट्रीटफिल्ड ने दूरबीन से देखा!

सनरी पेड़ पर था, उसने पुलिसवालों को देख लिया! वह पेड़ से नीचे कूदा और पहाड़ी की तरफ भागा···रास्ते में भरमी मिला!

"पुलिस आ गई है, चल पहाड़ी पर आग लगाकर सबको खबर कर दें!"

परशुराम भी सनरी के साथ हो लिया—

मंजिल एक हो तो अकसर रास्ते भी एक हो जाते हैं। इधर तीनों अफसर भी आपस में मिल गए!

उनमें इशारे हुए—और वे पेड़ों, झाड़ियों की ओट से एक साथ बाहर निकले और हवाई फायरिंग की!

भागते हुए सनरी के हाथ से मशाल छूटकर नीचे गिर पड़ी और आग लग गई!

दूर से मरियम भागती आ रही थी···वह नहीं चाहती थी कि सैलराकब पर खून बहे···

इधर···स्ट्रीटफिल्ड ने धमकी दी!

"तुम लोग हथियार फेंको!"

धानी मुंडा—

"तुम लोग हथियार फेंको! तुम लोग हमारी धरती पर खड़े हो!"

पाहन मुंडा,

जिसने गोरे और साँवले सिपाहियों को देखकर नगाड़ा बजाना रोक दिया था—उसे फिर से जोश आ गया और वह नगाड़ा बजाने लगा!

स्ट्रीटफिल्ड चिल्लाया—

"तुम लोग बिरसा को हमारे हवाले कर दो!"

नगाड़ा इतनी जोर से बज रहा था कि किसी को स्ट्रीटफिल्ड की आवाज सुनाई नहीं दी!

स्ट्रीटफिल्ड और जोर से चिल्लाया,

"मैं कहता हूँ, बिरसा को हमारे हवाले कर दो!"

इस बार भी उसकी आवाज कोई सुन नहीं पाया।

अब स्ट्रीटफिल्ड का ध्यान पाहन मुंडा की तरफ गया—

"ऐ! तुम नगाड़ा बजाना बंद करो!"

पाहन मुंडा ने हँसकर नगाड़ा और तेज बजाना शुरू कर दिया!

"ऐ! स्टॉप—रुक जाओ!"

आवाजी धमकियों से भी पाहन मुंडा नहीं रुका तो उसने बारूदी गोली का सहारा लिया, जो पाहन मुंडा के सिर के ऊपर से निकली।

पाहन मुंडा ने अपनी चौड़ी छाती की तरफ इशारा किया। 'इधर मार,

इधर ···' और पूरे जोश में नगाड़ा बजाने लगा! फिर गोली चली और पाहन मुंडा के हाथों को बुरी तरह जख्मी कर गई···

पहले डंडा धरती पर गिरा···

फिर खून की बूँदें!

अब स्ट्रीटफिल्ड के चिल्लाने के लिए अनुकूल वातावरण था···

"यह मेरी लास्ट वार्निंग है! तुम लोग बिरसा को हमारे हवाले कर दो!"

"नहीं! कभी नहीं···बिरसा हमारा भगवान् है!"

"वह भगवान् नहीं है"

"झूठ बोलता है···मारो!"

नरसिंह ने हुंकार भरी···और कई तीर चल गए!

बदले में गोलियों की बौछार हो गई!

पाहन मुंडा से रहा नहीं गया। डंडा नहीं, तो न सही! हाथ तो है···वह अपने हाथों से ही नगाड़ा बजाने लगा। खून से सने हाथों के निशान नगाड़े पर बनते चले गए···

इधर···तीर-कमान वाले जवान कम थे—बिछ गए···! दूसरी तरफ से··· गोलियों की फिर से बौछार

जिंदगी तड़पने लगी···लाशें गिरने लगीं···

मौत का तांडव होने लगा···

बहुत सी औरतें जिन्होंने पीठ की तरफ बच्चे बाँध रखे थे, वे पीछे मुड़कर भाग भी नहीं रही थीं कि कहीं बच्चे को गोली न लग जाए।

वे सीने पर गोलियाँ खाती चली गईं···!

और धरती लाल होती गई!

महुवा और परशुराम जख्मी होकर गिर पड़े!

एक गोली पाहन मुंडा के सिर पर लगी···खून नगाड़े पर पहले गिरा··· फिर उसका सिर!

'धम्म'!!

यह पाहन की तरफ से आवाज का आखिरी तोहफा था!

सैलराकब की ओर!

बिरसा दौड़ रहा था···

अचानक आग के शोलों ने उसका रास्ता रोक लिया!

वह औरत

जो बच्चे को दूध पिला रही थी—

अचानक

उसकी गरदन पर गोली लगी और वह चित गिर गई।

अब उसकी गरदन से खून निकलकर छाती पर बह रहा था···! बच्चा अब भी भूखा था। वह माँ की छाती की तरफ रोता हुआ बढ़ने लगा···

दूध या खून?

भूख तो अंधी होती है।

पता नहीं बच्चा किस पर मुँह रख दे!

मरियम—

जो यह हृदयविदारक दृश्य देख रही थी···जोर से चिल्ला पड़ी!

"नहीं···!"

चारों तरफ शोले उठ रहे थे—बिरसा उनसे घिर चुका था!

लेकिन वह रुका नहीं

शोले उसे रोक नहीं पाए

वह शोलों के बीच से दौड़ता हुआ बाहर निकला···

अब उसकी पगड़ी में शोले···

चादर में शोले···

लेकिन रुकता कैसे?

गोलियाँ, चीखें उसे बुला रही थीं

वह दौड़ता रहा···

घूरा नदी के किनारे सनरी···जख्मी पड़ा था···!

उसने अचानक बिरसा को आते देखा···!

उसकी उखड़ी साँसो को जैसे रफूगर मिल गया

वह डगमगाता खड़ा हो गया···!

"धरतीअबा···वहाँ बहुत मारे गए तो क्या हुआ, हम और मरेंगे··· धरतीअबा, तुम मत जाओ! तुम्हें कुछ हो गया तो न हममें जीने की शक्ति रहेगी, न मरने की···तुम मत जाओ!"

उसने दौड़ते हुए बिरसा के पैरों को पकड़ना चाहा···

हाथ जंजीर तो नहीं बने···लेकिन धीरे से ठोकर लगा गए···

बिरसा भरी नदी में गिरा!!!

पानी की बेशुमार बूँदों ने तड़पकर आसमान की ओर दुआ के लिए हाथ उठा दिए···

तूफान गुजर गया···

अब

परत–दर–परत सन्नाटा

ऐसा कि एक आँसू भी टूटे तो सुनाई दे जाए!

मरियम

अपने कमरे में डायरी लिख रही थी···

शीर्षक था—सैलराकब,

लोरियों और किलकारियों का कत्लेआम,

कुछ कहते हैं, सिर्फ चालीस मरे, कुछ कहते हैं, चार सौ।

कितने मरे, इसमें अलग–अलग राय हो सकती है···

लेकिन इसमें दो राय नहीं कि इनसानियत मर गई थी! क्रांति की आग तो बुझ चुकी···अब धुआँ–ही–धुआँ! मरियम इतना ही लिख पाई!

जंगल में!

धुएँ की एक लकीर उठ रही थी,
साली और परमी ने भात पकाया था, मगर खाया न गया,
जबकि नमक भी था!
बिरसा
पेड़ से सिर टिकाए था···आँखें बंद!
उसके एक तरफ बाँसुरी थी और परमी···
दूसरी तरफ तलवार और साली···
थकी-हारी, भूखी-प्यासी।
दोनों सो रही थीं!
वो घड़ी अत्यंत ही वेदनापूर्ण होती है
जब तूफान में···
टूटी हुई कश्ती पर भी मल्लाह को नींद आ जाती है!

जमीन पर रेंगते हुए सात आदमी हथियार हाथों में लिये अचानक उठ खड़े हुए—जिनमें हरमू मुंडा भी था!

बिरसा ने आँखें खोल दीं!

बारी-बारी सबको देखा!

काली चमड़ी, मोटे आँसू और खुली हँसीवाले लोग! सब अपने ही थे!

आँखें मुसकराईं!

बिरसा···एक ऐसा 'सीजर' जो ब्रूटस का ही इंतजार कर रहा था!

वह खड़ा हो गया।

अब परमी और साली को देखा···

वे गहरी नींद में थीं।

उनकी नींद न टूटे, इसलिए उसने खड़ाऊँ नहीं पहनी और खुद ही आगे-आगे चल पड़ा!

वे सातों पीछे!

चलने का अंदाज···वही अंदाज···वही तेवर···

दर्द हो तो हो

खून बहे तो बहे

मगर लँगड़ाकर नहीं चलूँगा!

बचपन के बिरसा और आज के बिरसा में कोई अंतर नहीं! अब भी वह वैसे ही चल रहा था जैसे बादशाह चल रहा हो! हाँ···दरबारी जरूर बदल गए थे!

नींद में परमी बड़बड़ाई—

"धरतीअबा"

"चल, सो जा—यहीं है"

साली ने आँखें बंद किए-किए विश्वास दिलाया!

बंद आँखों का डर···और बंद आँखों का विश्वास

दोनों में संधि हो गई।

बिरसा आगे बढ़ता जा रहा था··· !

कैप्टन मेयर्स स्ट्रीटफिल्ड से कह रहा था—

"मुसीबत यह है कि पूरे विद्रोह में बिरसा ने एक तीर नहीं चलाया, न किसी को एक थप्पड़ मारा। उसे न तो फाँसी हो सकती है, न उम्रकैद!"

बिरसा के पाँव में अब बेड़ियाँ थीं। वह जेल की कोठरी की तरफ जा रहा था! अंदाज वही, तेवर वही, जैसे बादशाह चल रहा था···

हाँ! साथ चलनेवाले दरबारी एक बार फिर बदल गए। कोठरी का दरवाजा खुला-बिरसा अंदर गया और ताला बंद!

ऊपर बनी छोटी सी धूलभरी खिड़की···

उससे अंदर आती-मुट्ठी भर धूप ने बिरसा की आँखों को छुआ··· !

एक सप्रेम स्पर्श

करमी याद आ गई!

उसने पलकें बंद कर लीं··· !

बिरसा के जाने के बाद,

परमी को चैन नहीं,

वह माटी-माटी,पत्थर-पत्थर

बस यूँ ही भागती रहती···

जैसे हिरण,

कभी कस्तूरी के गमक से परेशान

तो कभी कस्तूरी के खो जाने से व्याकुल!

और,
साली,
जैसे कस्तूरी
हिरण की नाभि तलाश कर रही हो!
खोई-खोई,
बिरसा के द्वार से लगी
कई मौसम आए…गए…
दर्द को इनसे क्या लेना-देना?
दर्द के पेड़ के पत्ते तो हर मौसम में हरे होते हैं!

डिप्टी कमिश्नर स्ट्रीटफिल्ड और कैप्टन मेयर्स चलते हुए बिरसा के करीब आकर विजय स्तंभ की तरह खड़े हो गए! स्ट्रीटफिल्ड, जो बिरसा को घूरे जा रहा था, अचानक पूछ बैठा।

"तुम्हारी वजह से इतना खून बहा···क्या इसका तुम्हें अफसोस नहीं?"

"खून बहे तो बहे, आँसू न बहे!"

"तुम खून से ज्यादा आँसू को समझते हो?"

"हाँ, तुम चाहो तो खून हाँडी भर-भर के जमा कर लो···लेकिन क्या कटोरा भर आँसू जमा कर पाओगे? बोलो···खून जिंदगी है तो आँसू जिंदगी का रंग है। हमने यह लड़ाई जिंदगी के लिए नहीं···जिंदगी में कोई रंग हो, इसके लिए लड़ी है और लड़ते रहेंगे। ये युद्धविराम हुआ है, युद्ध का अंत नहीं हुआ!"

जो रूह को भी राह दिखा दे

बिरसा एक ऐसा जिंदा अहसास था···

वह एक ऐलान था!

एक आह्वान था!!

जुल्म और शोषण के विरुद्ध···प्रेम की आकाशगंगा पर खड़े होकर दिया गया वह एक अजान था!

डॉ. रोजर्स,

जुबान रखने के जुर्म में उसका ट्रांसफर हो चुका था!

अब डॉक्टर एंडर्सन!

स्ट्रीटफिल्ड और मेयर्स के बीच में सैंडविच

"बिरसा बहुत बोलता है, हमको लगता है, पागल हो जाएगा···उसका तुमको खास खयाल रखना पड़ेगा!" डॉ. एंडर्सन ने मेयर्स को देखा।

शब्दों के अर्थ

और कहने की शैली···

विपरीत दिशा में···!

डॉ. एंडर्सन को कहीं 'कुछ' जलने की बू आई!

"ये काम किसी और को···"

"नहीं, ये काम तुम ही करोगे!"

स्ट्रीटफिल्ड ने उड़ते पन्नों पर पेपरवेट पटका!

पन्नों का कसमसाना–तड़पना बंद नहीं हुआ।

काल कोठरियाँ!
टूटे ख्वाबों की तरह बदहाल…
मिटती खुशियों की तरह जर्जर
बिरसा की बेचैनी
बेकरारी बढ़ गई थी…
वह दीवार से दीवार तक चल रहा था…
क्या सफर ही सफर है…मंजिल नहीं?
जब आसमान पर रहो, तो माँ के पेट में आना…मंजिल
फिर दुनिया में आना…मंजिल
फिर आसमान पर जाना…मंजिल
और जब आसमान पर थे
तो नीचे आना…मंजिल
मंजिल है कहाँ?
कहीं नहीं!
अगर है तो कदम-कदम मंजिल है
और मंजिल-मंजिल सफर है!
सफर…ही सच है…!!
बिरसा सफर में था
बेड़ियाँ बज रही थीं…
झन…झन…झन…

दूर एक कोठरी में गया मुंडा, सनरी मुंडा और सुखराम इत्यादि बंद थे···

"धरतीअबा बेड़ियाँ पहनकर चलते ही रहते हैं!"

"उसी की आवाज सुनकर तो यह विश्वास होता है कि धरतीअबा हमारे साथ हैं···फिर मन की सारी पीड़ा दूर हो जाती हैं!"

मरने के लिए समुद्र चाहिए

लेकिन जीने के लिए···

एक तिनका भी काफी होता है!

बिरसा चल रहा था

झन···झन···झन···

डॉ. एंडर्सन आया

"मैं डॉ. एंडर्सन हूँ!"

चेहरे पर न पेशेवराना मुसकराहट···न मसीहाई चमक—

"जेल में तरह-तरह की बीमारी हो जाती है···मुझे तुमको इंजेक्शन देना है!"

बिरसा ने अपना बाजू डॉक्टर की तरफ बढ़ा दिया और खिड़की की तरफ देखा···

वहाँ अब भी धूप नहीं थी···धूप का साया था!

डॉक्टर इंजेक्शन देने लगा।

गंदा पानी जेल के नाले से बह रहा था···

धानी मुंडा समेत कई आदिवासी रस्सियों में बाँधकर लाए गए···मेयर्स धानी मुंडा को पहचान गया···!

भात में नमक डालो तो स्वाद बढ़ता है...

जख्मों पर नमक डालो तो... ?

इसका भी कई लोग खूब मजा लेते हैं।

"ऐ बूढ़े...मैं कहता था न कि कुछ नहीं मिलनेवाला...कुछ मिला? तेरे भगवान् ने तुम लोगों को क्या दिया?"

"दिया न...पहले हम सिर झुकाकर चलते थे...लेकिन आज देखो। हर आदिवासी का सीना तना हुआ है...और सिर उठा हुआ है...इनको फाँसी के फंदे तक भी ले जाओगे तो ये ऐसे ही सिर उठाकर वहाँ तक जाएँगे। यह दिया है हमारे भगवान् ने हमें... ! यह कम है?"

नहीं, यह हरगिज कम नहीं था...

पहले ये ऐसे जीते थे, जैसे सदियों से ये मुजरिम हों,

लेकिन अब ऐसे जीने लगे थे

जैसे सदियाँ इनकी मुजरिम हों... !

झन···झन···झन···

बेड़ियाँ बज रही थीं···!

"इतना बेचैन कैदी आज तक यहाँ नहीं आया।"

पहरेदार ने मरियम से कहा! और मरियम ने सोचा···

इतनी बेचैनी किसी-किसी को मिलती है

सदियों में मिलती है!

···"बिरसा!"

बिरसा ने मुड़कर देखा—मरियम थी···!

"बिरसा, तुमने कहा था, अगर मैंने जंगल के एक पौधे को भी बचा लिया तो तुम मुझे क्षमा कर दोगे!"

मरियम ने आदिवासी औरतों की तरह···एक बच्चे को चादर के सहारे पीठ से लगा रखा था! उसे अपने सामने करके गोद में ले लिया···

यह वही बच्चा था, जो सैलराकब पर रोया था, जिसके दूध पीते-पीते···

इनसान मर गया था,

इनसानियत मर गई थी···!!

मगर पिशाची भूख नहीं मरी थी!

पता नहीं वह किसे चुनता?

दूध या खून

अगर वह माँ का खून चाटने लगता···

और उसके चेहरे पर हल्की सी भी तृप्ति की झलक आ जाती तो एक बार···भगवान् भी खुदकुशी करने को जरूर सोच लेता!

मरियम ने उसे उठाकर सीने से लगा लिया था और देर तक लगाए रही थी!

वह अब भी उसके सीने से लगा था।

गोरी-चिट्टी मरियम की गोद में काला आदिवासी बच्चा।

वह बच्चा नहीं,

मरियम···खूबसूरत हो गई थी···!

काला रंग ही ऐसा है जो तिल बन जाता है···

बिरसा की आँखों का पत्थर

थोड़ा-थोड़ा माटी हुआ···!

एक सवाल अँकुराया···

नफरत और ताकत की लोढ़ी-पाटी में पिसकर

इनसान को गुलाम बनाया जाता है!

और वह बबूली हो जाते हैं···

रंग, खुशबू, फूल, कुछ नहीं बचता,

लेकिन उनके हाथ-पाँव मजबूत हो जाते हैं!!!

इतने मजबूत कि वे इतिहास के पन्नों पर चलते भी हैं,

उसे लिखते भी हैं!

अति प्यार और मुहब्बत से भी इनसान को गुलाम बनाया जाता है···

ऐसे गुलामों में रंग, खुशबू, फूल तो बच जाते हैं,

लेकिन हाथ-पाँव से वे पंगु हो जाते हैं,

ऐसों की···गुलामी जल्दी नहीं जाती···!

ये इतिहास के पन्नों पर पड़ी धूल की तरह हो जाते हैं! कहीं यह बच्चा वैसा ही गुलाम तो नहीं बन जाएगा! बिरसा ने टुक-टुक देखते बच्चे से नजर हटाकर मरियम को देखा···

"इसको प्यार कम भी दोगी तो चलेगा! इसका अधिकार इसे जरूर देना! वह भी कम दोगी तो चलेगा, इसको अपने अधिकारों के लिए लड़ना जरूर सिखाना!" स्वीकृति में गरदन हिली!

जुदाई के पलों में दबी आरजू होंठों के चिलमन से अनायास बाहर आ जाती है!

"बिरसा, मैं तुम्हारी बाँसुरी नहीं सुन सकी···!"

बिरसा ने उस बच्चे को गुदगुदाया···

वह खिल-खिल हँस पड़ा···!

"इससे अच्छी आवाज मेरी बाँसुरी की नहीं है!" बच्चा अब भी खिल-खिल हँस रहा है!

मरियम ने बच्चे को,
फिर बिरसा को देखा···
बिरसा—
शीशा है,
जिसके उसपार देख लो,
बिरसा—
आइना है,
जिसमें चाहो तो खुद को देख लो···

लेकिन बिरसा खुद क्या देखता है, आज मरियम ने उसकी एक झलक देख ली···और उसका अंतस् चाँदनी में भीगता चला गया···

तभी जेल की घंटी बजी और
जैसे हर संगीत को फाँसी लग गई!

काल कोठरी की सलाखें
रातों की स्याही में···
डूब जाती हैं···नजर नहीं आतीं···
सिर्फ कैदी होता है और अँधेरे का फैला साम्राज्य!
जिसकी सरहद,
गाँव की पगडंडियों तक···
इससे भी दूर-यादों की गलियों तक···
इससे भी दूर-सपनों के जगमग शाहराहों तक
इससे भी दूर···हर कैदी अँधेरा-अँधेरा बहुत दूर चला जाता है···!
सलाखों के भीतर की यह चितकबरी आजादी···
जब कैदी को तोड़ने-मरोड़ने लगती है···
वह सलाखों-दीवारों से बगावत कर बैठता है···!!

जेल की उँची दीवार पर एक काला साया देखकर पहरेदार ने यही सोचा कि कोई बागी है—बाहर भागेगा! लेकिन वह जेल के अंदर कूदा!

टॉर्च की रोशनियाँ—
चीख-पुकार
हथियार—इनसानों पर सवार हुए—दौड़े···
वह साया आगे-आगे दौड़ रहा था।
धमकी—"रुक जाओ"!
साया दौड़ता ही रहा!
फिर गोली—

एक नहीं···कई

वह साया···जमीन पर गिर पड़ा!

रोशनी पड़ी तो वह लाश बन गई··· !

वह परमी थी!

बाँसुरी उससे दूर पड़ी थी,

जिसे अपने हाथों से बिरसा को देने वह यहाँ तक आई थी···

अब वह एक लाश

एक तृष्णा अहसास···बन गई!

प्यार की बस्ती में वह प्यासी आई थी और प्यासी गई···

तभी बाँसुरी पर किसी का भारी बूट आ गया···!

संगीत किस तरह हिचकियाँ लेता हुआ दम तोड़ता है···

बिरसा ही जानता था···देखता भी था!

उसने ऐसी कई आवाजें सँभालकर रखी थीं!

जब परमी की खबर बिरसा ने सुनी तो इतना ही कहा या कह सका···

"आखिर मर गई न! मैंने कहा था, मुझसे प्यार मत कर वरना तेरे दिल में छेद हो जाएगा···हो गया न?"

बिरसा ने बहुत चाहा कि आँखों में अकाल पड़ा रहे—

मगर दर्द नहीं माना···

उसने आँसू का बाजू पकड़ा और उसे घसीटता हुआ लाकर पलकों की चौखट के बाहर कर दिया!

आँसू गाल पर गिरे!

परमी देखती तो हँसकर कहती—

"तुम्हारा आँसू गालों पर गिरा···तुम तो फिर से इनसान हो गए!"

और खुशबू नाचने लगती!

बिरसा ने आसमान की तरफ चेहरा उठा दिया···

···अब बीच में छत थी!

मरियम ने भी सुना कि परमी मर गई!

मरियम भागी तो स्ट्रीटफिल्ड ने दरवाजा बंद कर दिया!

अँधेरा··· !

रोशनी मरती है–रास्ते मरते हैं

मगर मुहब्बत कहाँ मरती है?

मुहब्बत साँसों की मोहताज नहीं, वह तो मरने के बाद भी जिंदा रहती है··· !!

बिरसा बीमार लेटा था!
बेड़ियाँ भी बीमार लेटी थीं
बेड़ियों की अपनी छाती कहाँ होती है··· ?
वे तो चलनेवालों की साँसों में साँस लेती हैं!
बिरसा ने लंबी साँस खींची और करवट बदली तो बेड़ियाँ बज गईं।
झन!
यह सुनते ही गया, धानी, सनरी, सुखराम और कइयों के चेहरे खुल गए
इनके चेहरे—ऐसी किताबें
जिनका पन्ना-पन्ना कोरा हो
और जिनके शब्द, अर्थ, शीर्षक के पाँव में बेड़ियाँ पड़ी हों!
यही तो एक आवाज थी
जो कोरे पन्नों के बीच मोरपंख रख जाती···!
जिससे वे अपने जीवन की व्याख्या कर लेते···!!
डॉक्टर एंडर्सन ने आते ही देखा—
बीमार पाँव में अब बेडियाँ पड़ी थीं···
वह कहीं से छिल गया···!
"इसकी बेड़ियाँ खोल दो!"
"नहीं! रहने दो!" बिरसा ने कहा!
बिरसा की आवाज कमजोर—स्वर निर्णायक!

डॉक्टर एंडर्सन हैरान कि उसने 'कुछ' करना भी चाहा तो उसे 'न' कह दिया गया।

बिरसा—

उनमें नहीं था—

जो 'कुछ' पाकर खुश हो जाते हैं!

वह जानता था कि 'कुछ' 'न' के बराबर है

और 'न' 'हाँ' से बड़ा होता है!

डॉ. एंडर्सन बिरसा के और करीब आया।

"बिरसा, तुम्हारा बदन तप रहा है!"

"धरती भी तप जाती है!"

"देखो, पसीना कितना है, तुम्हारा बदन गीला हो गया है!"

"रात को जब ओस गिरती है तो धरती भी इसी तरह गीली हो जाती है!"

"बिरसा, आज तक मैंने तुम जैसा किसी को नहीं देखा! तुम किसी हालत में नहीं झुकते!"

"पहाड़ भी नहीं झुकता!"

"तुमने अपने लिए कभी शिकायत भी नहीं की!"

"धरती भी शिकायत नहीं करती!"

"तुम्हारे खिलाफ क्या-क्या साजिश हुई, तुम्हें पता नहीं!"

"जंगल को भी कुछ पता नहीं होता···"

डॉक्टर एंडर्सन···चुप!

बिरसा यहाँ रहता जरूर है—

मगर जीता कहीं और है!

डॉक्टर एंडर्सन सोचने लगा था, इसलिए समझने भी लगा था।

"पहाड़, धरती, जंगल—इन्होंने तुमको पाला, इसलिए तुम इनके जैसे बन गए!"

"मैं उनको अपने जैसा तो नहीं बना सकता था, इसलिए मैं उनके जैसा बन गया! यही तो प्यार है···जब किसी को अपने जैसा न बना सको तो उसके जैसा बन जाओ···"

इस बार शिकस्त ने अपना चेहरा नहीं छिपाया···

"यह तुम्हारे लिए ठीक है बिरसा, मेरे लिए नहीं···!"

"क्यों? मैं भी माटी, तुम भी माटी···"

"नहीं, मैं माटी का नहीं हूँ! मुझमें माटी की जगह लोहा, कंकड़, पत्थर भरा हुआ है···इससे घर, बँगला, पैलेस तो बन सकता है, मगर बिरसा नहीं बन सकता!"

बर्फ से धुँआ उठ रहा था—
पिघलने की प्रक्रिया आरंभ हो चुकी थी
लेकिन इससे पहले कि वह पिघलकर पानी बने···
मेयर्स की भारी आवाज गूँजी
"क्या हुआ डॉक्टर, बहुत देर लग रही है?"
कैप्टन मेयर्स सलाखों के उस पार खड़ा था।
इस पार—
बिरसा ने अपना हाथ आगे बढ़ा दिया···
अब डॉक्टर एंडर्सन बिरसा को इंजेक्शन देने जा रहा था···
हाथ काँप रहे थे···
जैसे झाड़ियों के मासूम पत्ते,
साँप के रेंगने से···

तेज गरम हवाओं के रूबरू काँटों से ज्यादा

फूलों की पत्तियाँ जंग लड़ती हैं!

क्लब जाते हुए स्ट्रीटफिल्ड का रास्ता मरियम ने रोका—

"सुना है, बिरसा को हैजा हो गया···कैसे हुआ? जबकि जेल में तो किसी और को नहीं हुआ···!"

"कैसे हुआ? क्यों हुआ ये सब? मुझे मालूम नहीं···मैं डॉक्टर नहीं हूँ···!"

"अगर तुम लोग उसे मारने की कोशिश कर रहे हो तो याद रखो, बिरसा कभी नहीं मरेगा, सुना तुमने!"

"तुम बिरसा के फेवर में बोल रही हो, तो फिर मैं क्यों सुनूँ?"

"इसमें तुम्हारे फेवर की भी बात है! तुम भी बिरसा के साथ-साथ इतिहास के पन्नों में रह जाओगे और बार-बार तुम्हें शब्दों के ताबूत से बाहर निकालकर जिंदा किया जाएगा और मारा जाएगा। बिरसा एक बार भी नहीं मरेगा और तुम बार-बार मारे जाओगे···सुना तुमने!"

जुल्म अंधा भी होता है और बहरा भी···!!

जब सच सामने हो

तो गूँगा भी!!!

रात से ही काले बादल घुमड़ रहे थे···

सुबह का चंपई रंग बादलों के उस पार ही कहीं···

इस पार मटमैला उजाला!

सब कुछ थमा-थमा, जमा-जमा सा

डॉक्टर एंडर्सन के आते कदम थके-थके से···

उसे देखते ही सारे कैदी जैसे जी उठे···

"डॉक्टर, ऐ डॉक्टर, धरतीअबा की बेड़ियाँ क्यों नहीं बोलतीं? रात में सिर्फ दो बार बजीं···सुबह से एक बार भी नहीं···क्या हो गया धरतीअबा को··· ? बोलो, क्या हो गया··· ?"

सारे-के-सारे चीखने लगे थे!

जब 'लू' चलती है तो बाँस के जंगल में किसी एक की नहीं, सबकी पसलियों से चीखें निकलने लगती हैं···!

डॉक्टर एंडर्सन चुप!

जो अपने अंदर की सिसकियाँ न सुन पाता हो, वह बाहर की चीखें भी नहीं सुन पाता···

डॉक्टर एंडर्सन चलता रहा—

एक नाजायज दृश्य उसकी राह तक रहा था···!

बिरसा···

बीमार···कमजोर···लेटा था!

अगर जमीन खड़ी कर दी जाए तो वह दीवार की अदृश्य सलीब का मसीहा लगे!

बिरसा की आँखें बंद थीं···

आँखों की पलकें···दो ऐसे प्रेमी

जो एक-दूसरे से दूर रहने की दुआ माँगते रहते हैं···

क्योंकि वे जानते हैं कि उनका स्थायी मिलन···उनके लिए भी मौत है!

आज इनकी दुआ जैसे खारिज कर दी गई हो···

वे मिलकर उदास थीं···

आलिंगन में भी कंपन नहीं था···!

डॉक्टर एंडर्सन बिरसा के और करीब गया···

बिरसा के चेहरे पर,

रात की बढ़ती हुई परछाइयाँ

और शाम का ठहरा हुआ सुकून भी···

शरीर का मांस अगर माटी का होता तो शरीर से अलग होकर कहीं तो होता···

यह मोम का होता है शायद···साँस-साँस पिघल जाता है! बिरसा के केवल सीने के पास थोड़ी सुगबुगाहट थी!

दिल जलता सबसे पहले है—

और बुझता सबसे बाद में है···

डॉक्टर एंडर्सन से रहा न गया···उसने कन्फेशन के अंदाज में घुटने टेक दिए!

"बिरसा···मैंने तुम्हारे साथ अच्छा नहीं किया, मैंने वही किया जो मैं कर सकता था···मैंने वह नहीं किया जो मुझे करना चाहिए था! मैं कन्फेस करता हूँ···मैं बहुत ही कमजोर···गिरा हुआ, बहुत ही बुरा आदमी हूँ"

"नहीं डॉक्टर, तुम अच्छे हो!"

बिरसा की आवाज बहुत दूर से आती हुई लगी—

जो बहुत अंदर तक जा रही थी···!

उन तहखानों तक

जहाँ के दरवाजे बंद-बंद टूट गए थे।

डॉक्टर एंडर्सन और भी तेजी से टूटने लगा!

लेकिन आज एंडर्सन को सजा की दरकार थी…!

“नहीं बिरसा! मैं अच्छा नहीं हूँ…अगर अच्छा होता तो तुमको इंजेक्शन देते समय मेरे हाथ नहीं काँपते! तुमने भी देखा था?”

“हाँ!”

“फिर भी तुम्हें शक नहीं हुआ।”

“नहीं! डॉक्टर के हाथ और माँ के स्तन…दोनों ही जिंदगी देते हैं। इनपर मैं शक कैसे कर सकता था!”

“ओह गॉड!”

डॉक्टर एंडर्सन चीत्कार कर उठा…!

एक तेज आरी—

घुन लगी लकड़ी को दूर तक चीरती जाए तो लकड़ी को बुरादे कुछ ज्यादा ही उड़ते हैं…और वे आँखों में चले जाएँ तो…?

डॉक्टर एंडर्सन की आँखें…पानी-पानी

यह तो किनारे का दृश्य था…

अंदर,

एक रेगिस्तान समुद्र बन चुका था…!

अब बिरसा की साँसों की आखिरी खेप खर्च हो रही थी…समुद्र बूँद में वापस लौटने लगा था!

“बिरसा…तुम मुझे सजा तो नहीं दोगे, एक भीख दे दो…तुम्हारी कोई ऐसी इच्छा जो मैं पूरी कर सकूँ…मुझे बता दो!”

“उधर एक चादर है…!”

कोने में एक चादर पड़ी थी। डॉक्टर एंडर्सन ने उसे जल्दी से उठाया—

“हाँ…है!”

बिरसा ने उसे अपने ऊपर डालने का इशारा किया।

डॉक्टर ने चादर उसके ऊपर डाली तो वह पाँव से सीने तक ही पहुँची!

“यह चादर छोटी है!”

"हाँ! डॉक्टर जब मेरी आँखें बंद हो जाएँ तो चादर को ऐसे मत रहने देना! चादर से मेरा चेहरा ढक देना और पाँव खुला रखना!"

एक अजीब सी इच्छा!

बिरसा ने इशारा किया कि वह उसका चेहरा ढक दे···

डॉक्टर चादर को ऊपर खिसकाते हुए उसका चेहरा ढकने लगा।

बिरसा कह रहा था—

"लोग मेरा चेहरा देखें, न देखें—मेरे पाँव जरूर देखें, जिनसे मैं चलता रहा···और चलते रहना चाहता हूँ!"

डॉक्टर एंडर्सन बिरसा के खुले पाँव देखने लगा था···उसे पता ही नहीं चला, चादर के नीचे बिरसा कब चुप हो गया···कुछ देर तो वह यही इंतजार करता रह गया कि अब बोलेगा!

सीने की सुगबुगाहट···का अंत हो चुका था!

चादर···कफन बन चुकी थी!!

भगवान् जा चुका था···

···लेकिन सफर बाकी था···

चलना बाकी था!!!

डॉक्टर एंडर्सन बिरसा का पाँव पकड़कर फूट-फूटकर रोने लगा।

"बिरसा···तुम्हारी इच्छा पूरी होगी, जरूर पूरी होगी···तुम्हारा सफर जारी रहेगा, तुम्हारा चलना कभी नहीं रुकेगा···कभी नहीं! तुम पाँव-पाँव चलते ही रहोगे···चलते ही रहोगे!"

गया मुंडा!

उसने खुद फाँसी का फंदा अपने गले में डाला और चिल्लाया—“धरतीअबा!”

फिर तख्ता हटा—
गरदन कसी···
और हवा में चलते हुए दो पाँव!!
बिरसा का सफर जारी था···
सनरी मुंडा!
फंदा-नारा-तख्ता-गरदन
और हवा में चलते हुए दो पाँव!!
सफर जारी था···
सुखराम मुंडा!
फंदा-नारा-तख्ता-गरदन
और हवा में चलते हुए दो पाँव!!
सफर जारी था···

चालकद—
अब···
एक बच्चे के भागते हुए दो पाँव···
बिरसा के झोंपड़ें की ओर।
"ऐ···ऐ···रुक जा···"
पीछे–पीछे साली दौड़ी
बच्चा रुका नहीं···
झोंपड़े के अंदर बिरसा की खड़ाऊँ रखी थी
बच्चे ने अपने दोनों पाँव उसमें डाल दिए···
और पलटकर
मुसकराते हुए अपनी माँ को देखा···!
और दौड़ने लगा···
बिरसा का सफर जारी था,
बिरसा का संगीत
जरूर कहीं छूट गया था!
या हो सकता है···
सफर की अंतिम किस्त के किनारे जहाँ मंजिल है
वहाँ वह संगीत
परमी की तरह
तितली की तरह
पहली बारिश में महकती मिट्टी की तरह
एकटक राह तकता···इंतजार कर रहा हो, आनेवाले 'बिरसाओं' का!!!!

□□□